L'ESSENTIEL

4e secondaire science et technologie

Jean-François Bédard

CAR
ACT
ÈRE

Mise en page et couverture : Bruno Paradis
Illustration de la couverture : istockphoto.com
Révision : Anik Tia Tiong Fat
Correction d'épreuves : Richard Bélanger
Consultation pédagogique : Lucie Desrosiers

Imprimé au Canada

ISBN : 978-2-89642-396-5
Dépôt légal – Bibliothèque et Archives nationales du Québec, 2011

Nous reconnaissons l'aide financière du gouvernement du Canada par l'entremise du Fonds du livre du Canada pour nos activités d'édition.

Visitez le site des Éditions Caractère
editionscaractere.com

»»»»»»»»»»» table des matières

index de l'aide-mémoire

Tu trouveras dans cet aide-mémoire un résumé des notions que tu étudies dans ta classe de science et technologie de 4ᵉ secondaire.

Univers du vivant

Univers matériel

Terre et espace

Univers technologique

UNIVERS DU VIVANT

Populations et communautés

Terme ou expression	Définition
Population	Ensemble des individus d'une espèce donnée, vivant sur un même territoire
Densité de population	Nombre d'individus par unité de surface ou de volume au sein d'un territoire donné
Cycle biologique	Ensemble des stades dans la vie d'un être vivant

Comment déterminer la densité d'une population ?

Technique	Description
Recensement (comptage direct)	Dénombrer tous les individus
Échantillonnage	Dénombrer tous les individus dans plusieurs zones représentatives du territoire étudié
Comptage indirect	Déterminer par calcul le nombre total d'individus à l'aide d'indices indirects
Méthode de capture-recapture	« Capturer » des individus, les « marquer » et les « libérer » ; recommencer le tout quelque temps plus tard

En ce qui concerne la méthode de capture-recapture, on utilise la formule suivante pour déterminer le nombre d'individus dans une population :

$$N = T \cdot (n / t)$$

où : N = nombre total d'individus dans la population
T = nombre d'individus « capturés » lors de la première séance de capture
n = nombre d'individus « capturés » lors de la seconde séance de capture
t = nombre d'individus « capturés » lors de la première séance de capture, qui ont été « recapturés » lors de la seconde séance de capture

Terme ou expression	Définition
Communauté	Ensemble des populations d'un même territoire
Biodiversité	Ensemble des organismes vivants occupant un territoire
Perturbations	Modifications d'un territoire, d'origine humaine ou naturelle, ayant un impact positif ou négatif sur la survie d'une espèce
Relations biotiques	Interactions entre les diverses communautés d'un territoire

aide-mémoire «««««««««««««««««

Quels sont les types de relations biotiques ?

Relation biotique	Définition
Compétition intra spécifique	Compétition entre les individus d'une population pour l'utilisation des mêmes ressources
Compétition interspécifique	Compétition entre des individus d'espèces différentes pour l'utilisation des mêmes ressources
Prédation	Action par laquelle un organisme vivant (prédateur) se nourrit d'un autre organisme vivant (proie)
Parasitisme	Action par laquelle un organisme vivant (parasite) vit en association avec un autre organisme vivant (hôte) ; ce dernier en subit des impacts néfastes pour sa survie
Commensalisme	Action par laquelle un organisme vivant (symbiote) vit en association avec un autre organisme vivant (hôte) ; ce dernier n'en subit pas de conséquences
Mutualisme	Action par laquelle un organisme vivant (symbiote) vit en association avec un autre organisme vivant (hôte) ; les deux organismes en tirent des bénéfices
Introduction d'espèces étrangères	Arrivée de nouvelles espèces dans un territoire
Extinction d'espèces indigènes	Émigration permanente ou extinction d'espèces présentes depuis très longtemps dans un territoire

On parle de succession écologique lorsqu'un territoire subit une série de perturbations qui modifient la composition des espèces occupant ce territoire.

Il existe deux types de succession écologique :

Succession écologique	Définition
Primaire	Situation où la succession est enclenchée par la présence d'un sol stérile, très peu propice à la croissance des végétaux, à cause de perturbations majeures (retrait d'un glacier, éruption volcanique)
Secondaire	Situation où la succession est enclenchée par la présence d'un sol dont la fertilité a été épargnée par la perturbation (incendie de forêt, tempête de vent)

Dynamique des écosystèmes

Terme ou expression	Définition
Écosystème	Ensemble des organismes vivants et des facteurs abiotiques d'un territoire
Relation trophique	Relation unissant un prédateur et une proie dans un écosystème

Les niveaux trophiques

Niveau trophique	Définition
Producteurs	Produisent leur propre nourriture
Consommateurs	Ne produisent pas de nourriture; se nourrissent de producteurs ou autres consommateurs
Décomposeurs*	Ne produisent pas de nourriture; se nourrissent à même la matière organique non vivante

Les chaînes alimentaires ou pyramides d'énergie

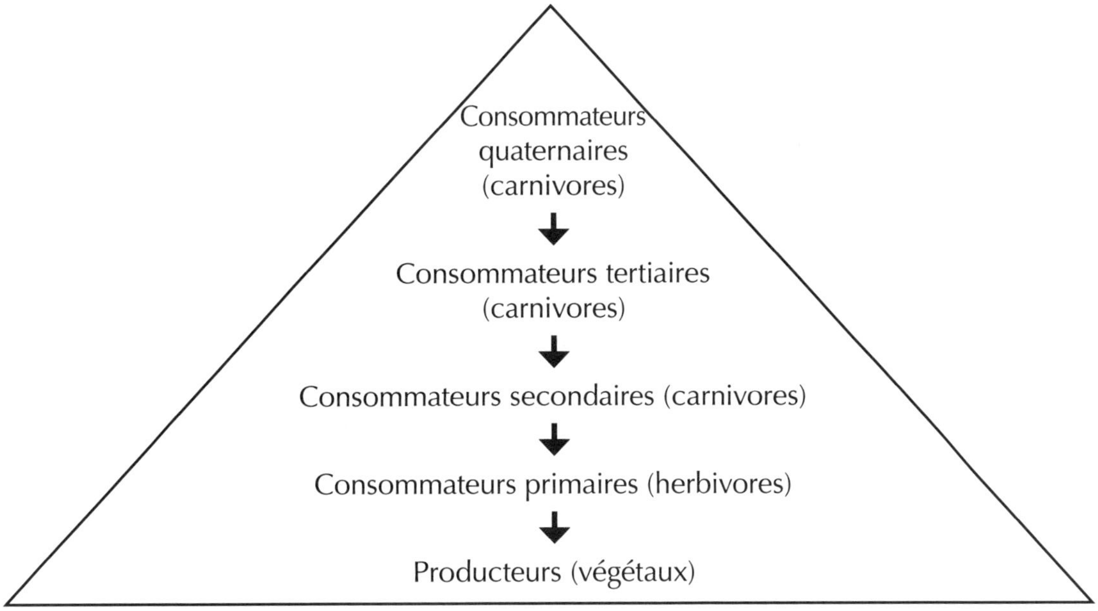

* Les décomposeurs se nourrissent de matière organique non vivante (animaux morts, feuilles mortes, excréments) provenant des producteurs et des consommateurs. De ce fait, ils transforment les molécules organiques complexes en molécules simples assimilables par les producteurs.

** À chaque bond dans la chaîne alimentaire, seule une partie de la matière et de l'énergie est transférée d'un organisme vivant à l'autre.

La productivité primaire

Grâce à la photosynthèse, les producteurs transforment l'énergie du soleil en énergie assimilable par les producteurs et tôt ou tard par les consommateurs. On parle alors de production primaire.

UNIVERS MATÉRIEL

Solutions et concentrations

Solubilité, masse volumique et concentration

Terme	Formule mathématique
Concentration	$\frac{\text{masse soluté}}{\text{volume solution}}$
Solubilité	$\frac{\text{masse maximale de soluté dissous}}{\text{volume solvant}}$
Masse volumique	$\frac{\text{masse substance}}{\text{volume substance}}$

N.B. En général, la solubilité d'un solide augmente avec la température, tandis que la solubilité d'un gaz diminue avec la température.

Dilution et concentration (formule mathématique)

$$C_iV_i = C_fV_f$$

où : C_i = concentration initiale de la solution
V_i = volume initial de la solution
C_f = concentration finale de la solution
V_f = volume final de la solution

N.B. La concentration peut s'exprimer en ppm (parties par million) $1 \text{ ppm} = \frac{1 \text{ mg soluté}}{1 \text{ kg solution}} = \frac{1 \text{ mL soluté}}{1\,000 \text{ L solution}}$

Électrolytes

Échelle de pH

Si…	alors, la solution est…
$pH < 7$	Acide
$pH = 7$	Neutre
$pH > 7$	Basique

Il existe trois types d'électrolytes (composés ioniques) : les acides, les bases et les sels. En solution, les électrolytes permettent le passage du courant électrique.

Type d'électrolyte	Formule chimique
Acide	H_xB ou B^*COOH (sauf H_2O)
Base	$M(OH)_x$ ou NH_3
Sel	M_xB_y

où : M = métal ou NH_4
B = non-métal ou regroupement de non-métaux
B* = regroupement de non-métaux
x, y= entiers positifs

Solutions et conductibilité électrique

Type d'électrolyte	Conductibilité électrique	Présence d'ions en solution
Électrolyte fort	Forte	beaucoup
Électrolyte faible	Faible	peu
Non-électrolyte	Nulle	pas du tout

Dissolution électrolytique et moléculaire

Lors de la dissolution dans l'eau, les électrolytes se dissocient pour former des ions positifs (cations) et négatifs (anions). Contrairement, les molécules des non-électrolytes (ou composés moléculaires) restent intactes dans l'eau lors de leur dissolution. On parle alors de dissolution moléculaire.

Type d'électrolyte	Équation générale de dissociation
Acide (monoacide)	$HB\ (l) \rightarrow H^+\ (aq) + B^-\ (aq)$
Base (monobase)	$MOH\ (s) \rightarrow M^+\ (aq) + OH^-\ (aq)$
Sel (alcalin + halogène)	$MB\ (s) \rightarrow M^+\ (aq) + B^-\ (aq)$

où : M = métal ou NH_4
B = non-métal ou regroupement de non-métaux

Réactions chimiques

Équation générale d'une réaction chimique

Réactifs → Produits
Réactifs + énergie → Produits
Réactifs → Produits + énergie

Les réactifs et les produits d'une réaction chimique peuvent être présents sous quatre formes : solide (s), liquide (l), gazeuse (g) ou aqueuse (aq).

Respiration (cellulaire)

$$C_6H_{12}O_6\ (aq) + 6\ O_2\ (g) \rightarrow 6\ H_2O\ (g) + 6\ CO_2\ (g) + \text{énergie}$$

Photosynthèse

$$6\ H_2O\ (l) + 6\ CO_2\ (g) + \text{énergie (lumière)} \rightarrow C_6H_{12}O_6\ (aq) + 6\ O_2\ (g)$$

Combustion lente ou vive (combustible inorganique)

Combustible + comburant (O_2) → Oxyde + énergie

Combustion vive (combustible organique)

Combustible + comburant (O_2) → CO_2 + H_2O + énergie

Trois facteurs sont nécessaires pour entretenir une combustion : un combustible, un comburant et une énergie d'activation.

aide-mémoire «««««««««««««««««

Neutralisation

Acide (aq) + Base (aq) → Sel (aq) + H_2O (l)

Balancer des équations chimiques / loi de conservation de la masse

Dans une réaction chimique, la loi de conservation de la masse stipule que la masse de l'ensemble des réactifs doit être équivalente à la masse de l'ensemble des produits.
La loi de conservation de la masse entraîne le corollaire suivant : le nombre d'atomes de chaque élément chimique ne varie pas au cours d'une réaction chimique.

Représentations de l'atome

Modèle planétaire de Rutherford

- L'atome est composé majoritairement d'espace vide.
- Au centre de l'atome se trouve un noyau constitué de charges positives, les protons.
- Le noyau de l'atome est très petit et très dense ; il constitue 99 % de la masse de l'atome.
- Les électrons, charges négatives, gravitent autour du noyau.
- Étant électriquement neutre, un atome contient autant de charges positives que de charges négatives.

Modèle de Rutherford-Bohr

Tout en étant d'accord avec les énoncés du modèle planétaire de Rutherford, Bohr ajoute ceci :
- Les électrons en orbite autour du noyau gravitent sur des orbites circulaires bien précises : les couches électroniques. Celles-ci sont associées à un niveau d'énergie bien précis.

Configuration électronique des atomes

- Les différentes couches d'électrons sont représentées par le symbole n ; plus n est petit, plus la couche électronique est proche du noyau.
- Les électrons tendent à occuper les couches électroniques situées le plus près du noyau.
- Pour chaque couche électronique (n), le nombre maximal d'électrons pouvant y être présents est représenté par la formule mathématique $2n^2$.
- Sur la dernière couche électronique où se trouvent des électrons (électrons de valence), le nombre maximal d'électrons est de 8 (règle de l'octet) ; sur la première couche, ce nombre maximal est de 2.

Exemple

Déterminer la configuration électronique complète et en arcs de cercle du phosphore.

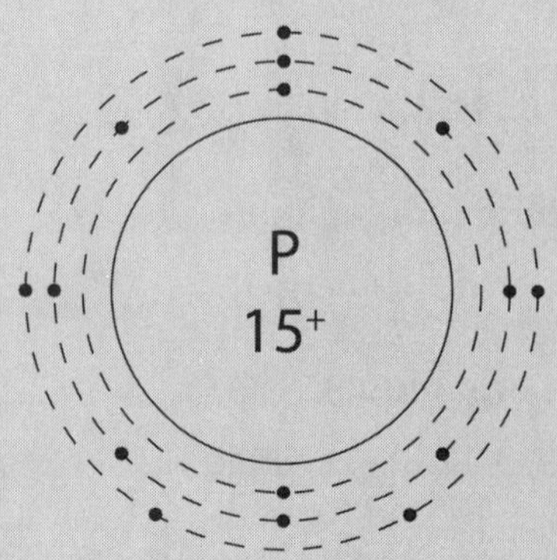

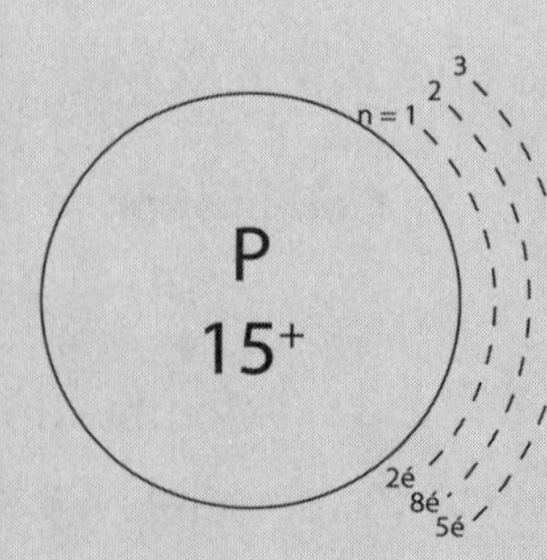

Notation de Lewis

Famille de l'élément	Nombre d'électrons de valence	Notation de Lewis
IA	1	
IIA	2	
IIIA	3	
IVA	4	

Famille de l'élément	Nombre d'électrons de valence	Notation de Lewis
VA	5	
VIA	6	
VIIA	7	
VIIIA	8	

Regroupements du tableau périodique

Métaux, non-métaux et métalloïdes

Groupe d'éléments	Éléments	Principales caractéristiques
Métalloïdes	B, Si, Ge, As, Sb, Te, Po	– ternes, sans éclat – moyens ou bons conducteurs – cassants
Métaux	Tous les éléments à gauche des métalloïdes (sauf H)	– solides à température ambiante (sauf Hg) – brillants – bons conducteurs – malléables et ductiles
Non-métaux	Tous les éléments à droite des métalloïdes + H	– ternes, sans éclat – mauvais conducteurs – cassants

Les périodes

Chacune des sept principales rangées du tableau périodique correspond à une période. Le numéro de la période correspond au nombre de couches électroniques des éléments appartenant à cette période.

aide-mémoire

Les familles

Famille	Élément(s)	Principales caractéristiques
Hydrogène	H	– Incolore et très inflammable – Produit de sa combustion : eau
Alcalins	Colonne IA (sauf H)	– Mous, peu denses et argentés – Très réactifs avec l'eau et les non-métaux
Alcalino-terreux	Colonne IIA	– Mous, peu denses et argentés – Réactifs avec l'eau et les non-métaux
Bore	Colonne IIIA	– Propriétés variables
Carbone	Colonne IVA	– Propriétés variables
Azote	Colonne VA	– Propriétés variables
Oxygène	Colonne VIA	– Propriétés variables
Halogènes	Colonne VIIA	– Très réactifs avec les alcalins (sels) et l'hydrogène (acides forts) – Corrosifs et bactéricides
Gaz rares	Colonne VIIIA	– Incolores – Très stables
Éléments de transition	Colonnes IB à VIIIB	– Masses volumiques élevées – Points de fusion élevés (sauf Hg)

Électricité statique et charge électrique

Si les charges électriques de deux objets sont de même signe, ces objets se repoussent. Dans le cas contraire, ils s'attirent.

Lorsque deux objets électriquement neutres et conçus avec des matériaux différents sont frottés l'un contre l'autre, des électrons sont transférés d'un objet à l'autre.

Série électrostatique

Capteur d'électrons ↑		Donneur d'électrons ↓
	Pellicule plastique	
	Téflon	
	Caoutchouc	
	Polyéthylène	
	Soie	
	Coton	
	Fourrure naturelle	
	Laine	
	Nylon	
	Verre	
	Cheveux	

Polarisation d'un objet non chargé (sans contact)

- Lorsqu'on approche un objet chargé positivement d'un objet non chargé, les électrons de ce dernier tendent à migrer vers l'objet chargé, ce qui crée une attraction entre les deux objets.
- Lorsqu'on approche un objet chargé négativement d'un objet non chargé, les électrons de ce dernier tendent à s'éloigner de l'objet chargé, ce qui crée un surplus de charges positives près de l'objet chargé. Il y a donc attraction entre les deux objets.

N.B. Dans ces deux derniers cas, l'attraction est d'autant plus forte que l'objet non chargé est conducteur, car les électrons s'y déplacent plus facilement.

Circuits électriques

Les tableaux suivants énumèrent les différentes composantes d'un circuit électrique. Ces composantes se divisent en quatre grandes catégories : les générateurs de courant, les récepteurs et les éléments de liaison.

Récepteurs

Composante	Symbole	Rôle
Résistance		Diminuer l'intensité du courant électrique dans un circuit
Moteur	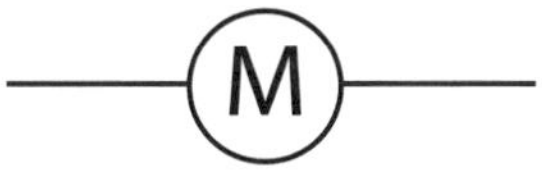 	Produire un mouvement
Ampoule		Produire de la lumière

Générateurs de courant

Composante	Symbole	Rôle
Pile	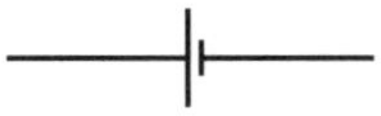	Fournir de l'énergie aux électrons en circulation

Éléments de liaison

Composante	Symbole	Rôle
Interrupteur		Permettre ou arrêter le passage du courant électrique
Fusible ou disjoncteur	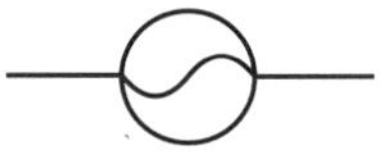	Arrêter le courant électrique s'il devient trop intense

aide-mémoire «««««««««««««««««

Le courant électrique

Le courant électrique représente un déplacement de charges électriques dans un circuit. Par convention, le courant circule de la borne positive à la borne négative d'une pile (courant conventionnel). Dans la réalité, le courant circule de la borne négative à la borne positive d'une pile, c'est-à-dire dans le sens réel de la circulation des électrons (courant réel ou courant électronique).

Composantes en série

Dans un circuit, deux composantes sont en série si la totalité du courant électrique qui passe par la première composante doit passer par la deuxième composante.

Composantes en parallèles

Dans un circuit, deux composantes sont en parallèle si le courant électrique doit passer par l'une <u>ou</u> l'autre des deux composantes.

Loi d'Ohm

Intensité du courant électrique (I)

L'intensité du courant électrique (I), c'est le débit des charges électriques. Elle se mesure en ampères (A) à l'aide d'un ampèremètre connecté en série à la composante dont on veut connaître l'intensité de courant.

Tension électrique (U)

La tension électrique (U), c'est la différence d'énergie, par charge, entre deux points d'un circuit. Elle se mesure en volts (V) à l'aide d'un voltmètre connecté en parallèle à la composante dont on veut connaître la tension.

Appareils de mesure

Appareil	Symbole	Dans un circuit
Ampèremètre	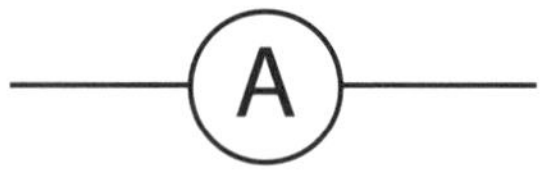	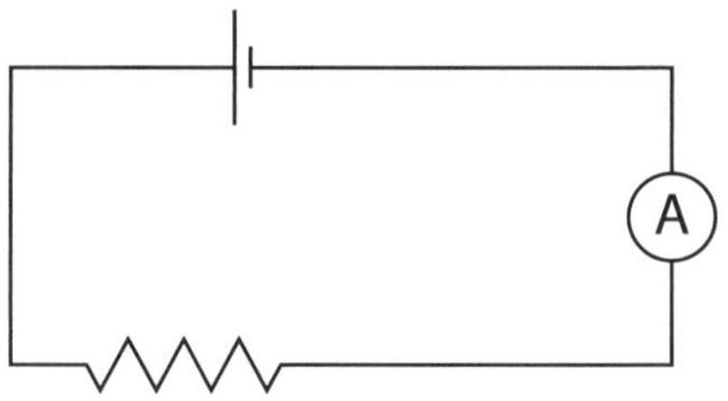
Voltmètre	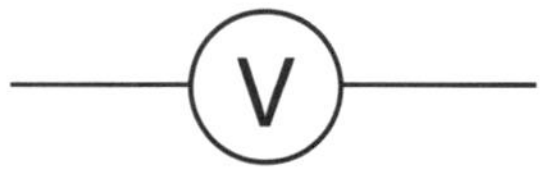	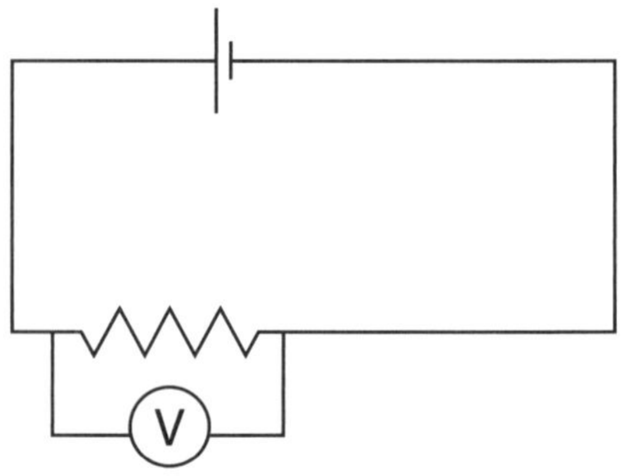

Loi d'Ohm

$$U = RI$$

où : U = tension électrique (V)
R = résistance électrique (Ω = ohms)
I = intensité de courant (I)

Puissance et énergie électrique

La puissance d'un appareil électrique, c'est la quantité d'énergie consommée par cet appareil par unité de temps.

$$P = E\Delta t$$

où : P = puissance (watts (W))
E = quantité d'énergie consommée (joules (J))
Δt = intervalle de temps (secondes [s])

La puissance fournie ou consommée dépend aussi de la tension aux bornes de la composante électrique, ainsi que de l'intensité du courant qui y circule.

$$P = UI$$

où : P = puissance (watts (W))
U = tension électrique (volts (V))
I = intensité du courant électrique (ampères (A))

si bien que $E = UI\Delta t$ (à noter que 1 kWh = 3 600 000 joules)

Électromagnétisme

Forces d'attraction et de répulsion

Tout aimant comporte un pôle Nord et un pôle Sud. La planète Terre est elle-même un aimant : le pôle Sud magnétique se trouve au pôle Nord géographique, tandis que le pôle Nord magnétique se trouve au pôle Sud géographique.

Deux pôles de même nature se repoussent, alors que deux pôles de natures différentes s'attirent.

Les substances sont regroupées en trois catégories selon leurs propriétés magnétiques.

Substances	Comportement	Exemples
magnétiques	se comportent comme des aimants	magnétite, autres substances fabriquées par l'homme, aiguille de boussole
ferromagnétiques	sont attirées par les aimants, mais ne s'attirent pas entre elles	fer, nickel, cobalt, tout alliage incluant ces métaux
non magnétiques	ne sont pas influencées par les aimants	cuivre, étain, aluminium, plastiques, caoutchouc, etc.

aide-mémoire

Champ magnétique

Le champ magnétique créé par un aimant peut être modélisé à l'aide d'un ensemble de flèches courbes partant du pôle Nord de l'aimant et se dirigeant vers son pôle Sud. À proximité d'un aimant, l'aiguille d'une boussole ou la limaille de fer s'alignent parallèlement aux lignes de champ magnétique.

Champ magnétique dans un fil droit

Vue en coupe d'un fil droit	Explication	Conséquence
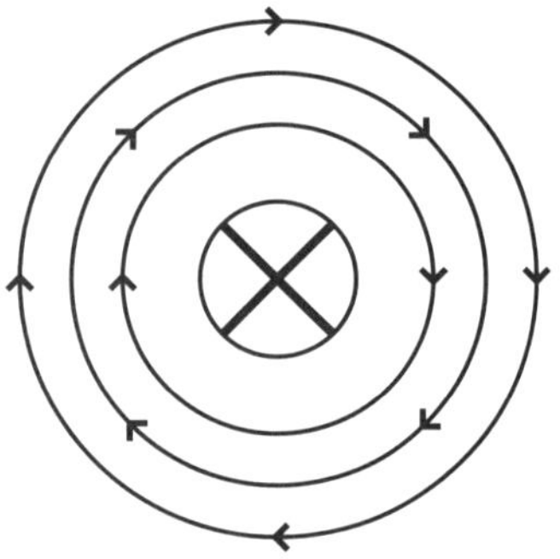	Le ⊗ indique que le courant électrique* entre dans la feuille.	Champ magnétique circulaire dans le sens des aiguilles d'une montre
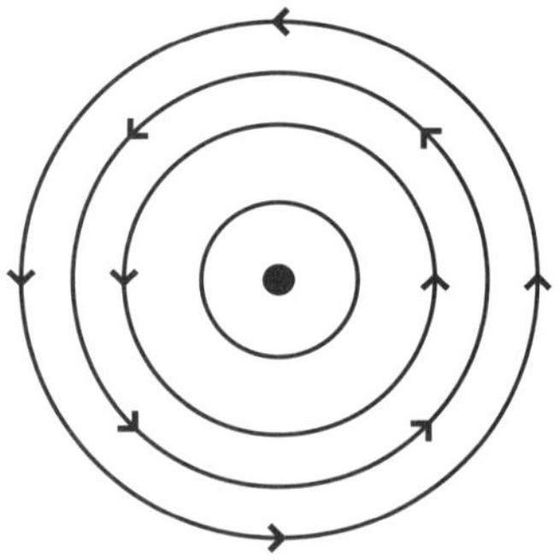	Le ⊙ indique que le courant électrique* sort de la feuille.	Champ magnétique circulaire dans le sens contraire aux aiguilles d'une montre

* On fait allusion ici au courant électrique conventionnel.

Transformation de l'énergie

Concept	Symbole	Définition
Travail	W	Transformation d'énergie causée par une force et un déplacement
Énergie potentielle	E_p	Énergie due à la position d'un objet
Énergie cinétique	E_k	Énergie due à la masse et à la vitesse d'un objet
Énergie mécanique	E_t	Somme de l'énergie potentielle et de l'énergie cinétique

Loi de conservation de l'énergie

Dans le domaine de l'énergie, rien ne se perd, rien ne se crée, tout se transforme. Quand un objet est en mouvement, le frottement et la résistance de l'air créent de l'énergie sous forme de chaleur au profit de l'énergie mécanique.

Rendement énergétique

$$\text{Rendement énergétique} = \frac{\text{énergie utile}}{\text{énergie disponible}}$$

L'énergie non utile est convertie en chaleur.

Chaleur et température

Concept	Définition
Chaleur	Forme d'énergie liée à la température d'un corps
Température	Mesure de l'agitation des particules d'un corps

Quand vous chauffez un corps, vous pouvez augmenter l'énergie cinétique de ses particules (la température monte) ou leur énergie potentielle (dilatation thermique, changement de phase).

Modes de propagation de la chaleur

Mode	Milieu de propagation
Conduction	corps solides
Convection	corps liquides ou gazeux
Rayonnement	vide ou espace

TERRE ET ESPACE

Cycles biogéochimiques

Le cycle court du carbone

- Il y a échange constant entre le carbone présent dans l'air sous forme de gaz carbonique (CO_2) et le carbone présent dans l'eau sous forme d'acide carbonique (H_2CO_3), d'ions bicarbonates (HCO_3^-) et d'ions carbonates (CO_3^{2-}).
- Le carbone présent dans l'air sous forme de gaz carbonique (CO_2) est assimilé par les végétaux (photosynthèse). Par ailleurs, le carbone retourne dans l'air sous forme de gaz carbonique (CO_2) grâce à la respiration et à la décomposition des organismes vivants.
- Dans l'eau salée, il y a précipitation et sédimentation du carbonate de calcium ($CaCO_3$) dans les fonds marins.
- Les ions bicarbonates (HCO_3^-) sont assimilés par les organismes marins pour fabriquer leurs coquilles, os et carapaces; ceux-ci sédimentent et se décomposent quand ces organismes meurent.
- Les déchets organiques provenant des organismes vivants sédimentent et se décomposent dans les fonds marins, tout comme les organismes vivants eux-mêmes après qu'ils meurent.

Le cycle long du carbone

- Le carbonate de calcium ($CaCO_3$) se transforme en roche calcaire.
- Les sédiments organiques se transforment en combustibles fossiles.
- La roche calcaire émerge.
- L'eau acide solubilise légèrement les ions bicarbonates (HCO_3^-) de la roche calcaire ; ces ions deviennent accessibles aux organismes marins.
- Lors d'une éruption volcanique, le carbone de la roche calcaire peut être transformé chimiquement ; de plus, le magma expulse dans l'atmosphère du carbone sous forme de gaz carbonique (CO_2).

Le cycle de l'azote

- Des ions nitrates (NO_3^-) assimilables par les producteurs sont générés à partir du diazote (N_2) et du dioxygène (O_2) présents dans l'air, grâce aux décharges (éclairs) qui se produisent lors d'un orage.
- Les micro-organismes présents dans le sol ou en symbiose avec les végétaux, ainsi que certaines bactéries présentes dans les racines de certaines plantes (légumineuses), transforment le diazote (N_2) en ammoniac (NH_3).
- L'azote est intégré aux molécules organiques des organismes vivants et circule à travers la chaîne alimentaire.
- Des bactéries, des décomposeurs et d'autres organismes et micro-organismes décomposent les déchets azotés et cadavres des organismes vivants, afin de les transformer en ammoniac (NH_3).
- Grâce à des bactéries, l'ammoniac (NH_3) se transforme en ammonium (NH_4^+), puis en nitrites (NO_2^-) et enfin en nitrates (NO_3^-).
- Les ions nitrates sont très solubles dans l'eau, de sorte qu'ils sont lessivés par l'eau de pluie et entraînés dans les nappes phréatiques, les cours d'eau et les plans d'eau.
- Grâce à certaines bactéries, les ions nitrates (NO_3^-) se transforment en diazote gazeux, qui retourne ainsi dans l'atmosphère.

Régions climatiques (biomes)

Les principaux facteurs qui influent sur la distribution des biomes à la surface de la Terre sont la latitude, l'altitude, la luminosité, la température, les précipitations, les vents, le type de sol, les marées, la salinité et le pH.

Les biomes terrestres

Biome	Climat	Végétation
Désert	Température très chaude le jour et fraîche la nuit; faibles précipitations	Végétation éparse (arbustes, cactus)
Savane	Saisons en alternance: température chaude ou fraîche, temps sec ou humide	Grandes étendues herbeuses et arbres épars
Prairie tempérée	Climat semblable à celui de la savane, mais étés moins chauds et hivers plus froids	Présence d'herbes et de graminées
Forêt tropicale épineuse	Longue saison sèche et courte saison humide	Présence d'arbustes et d'arbres épineux
Forêt tropicale décidue	Saisons sèche et humide de longueurs égales	Arbres et arbustes adaptés à une alternance de saisons sèches et humides
Forêt tropicale humide	Courte saison sèche et longue saison humide	Forêt luxuriante
Forêt méditerranéenne	Longs étés chauds et secs; courts hivers frais et pluvieux	Plantes annuelles, arbustes et arbres
Forêt décidue tempérée	Étés chauds et pluvieux; hivers froids et pluvieux ou neigeux	Feuillus
Forêt boréale	Étés courts et très pluvieux; hivers longs et très neigeux	Conifères et quelques feuillus
Toundra	Température très froide et faibles précipitations	Petits arbustes, plantes herbacées, mousses et lichens

Les biomes aquatiques dulcicoles

Catégorie	Biome	Caractéristique
Étendues d'eau stagnantes	Étang	Petite étendue d'eau
	Lac	Grande étendue d'eau
Cours d'eau	Ruisseau	Petit cours d'eau
	Rivière	Moyen cours d'eau
	Fleuve	Grand cours d'eau
Terres humides	Marais	Terre humide avec végétation herbacée
	Marécage	Terre humide avec arbres et arbustes
	Tourbière	Terre humide pourvue de tourbe

Les biomes aquatiques marins

Biomes	Définition
Estuaire	Partie terminale des fleuves
Zone intertidale	Zone de contact entre la terre et la mer
Récif de coraux	Zone marine occupée par des coraux
Zone pélagique	Zone marine libre de coraux
Zone benthique	Profondeurs de l'océan

Lithosphère

Les minéraux

Concept	Définition et caractéristiques
Roche	Mélange hétérogène de minéraux liés par des forces de cohésion; la roche ne possède aucune structure définie et présente une multitude de couleurs
Minéral	Élément ou composé chimique se présentant sous la forme d'un solide cristallin ou amorphe; le minéral possède une structure définie et n'est constitué que d'une seule couleur
Minerai	Roche présentant des proportions intéressantes d'un minéral à exploiter

Les ressources minérales

Type	Définition
Minéraux métalliques	Minéraux dont on extrait les métaux
Minéraux industriels	Minéraux mis à contribution dans divers procédés ou produits industriels
Matériaux de construction	Minéral ou roche utilisés dans le secteur de la construction
Matériaux combustibles	Minéral ou roche dont la combustion fournit de l'énergie

Les horizons du sol

Un sol est composé de plusieurs horizons, c'est-à-dire de plusieurs couches possédant des caractéristiques différentes.

Catégorie	Définition
Horizon humifère	Horizon riche en matière organique
Horizon minéral	Horizon contenant une certaine quantité de matière organique et de minéraux

Les horizons humifères

Type	Définition
Horizon L (1re couche)	Horizon formé de matière végétale reconnaissable
Horizon O (2e couche)	Horizon composé d'humus

Les horizons minéraux

Type	Définition
Horizon A (3e couche)	Horizon formé d'humus, d'organismes vivants et de minéraux : il s'agit de la couche de terre arable
Horizon B (4e couche)	Horizon composé de minéraux provenant du lessivage des horizons supérieurs
Horizon C (5e couche)	Horizon composé de la roche-mère peu altérée
Horizon R (6e couche)	Horizon composé de la roche-mère non altérée

Le pergélisol

Le pergélisol, c'est une couche de sol profonde dont la température est inférieure à 0 °C pendant toute l'année.

Au-dessus du pergélisol, la couche de sol active où peuvent s'implanter des végétaux est appelée mollisol.

Un pergélisol est...	s'il...
permanent	couvre plus de 80 % du territoire.
sporadique	couvre entre 30 % et 80 % du territoire.
isolé	couvre moins de 30 % du territoire.

Ressources énergétiques liées à la lithosphère

Ressource	Exemples
Combustibles fossiles	Pétrole, gaz naturel, charbon
Combustibles nucléaires	Uranium
Géothermie	Chaleur du sous-sol

Hydrosphère

Bassin versant

Le bassin versant d'un cours d'eau ou d'un plan d'eau, c'est un territoire dans lequel les eaux alimentent ce seul et même plan d'eau ou cours d'eau. L'ensemble des cours d'eau d'un bassin versant se nomme réseau hydrographique.

Il y a cinq grands bassins versants au Canada :

- le bassin de l'océan Pacifique
- le bassin de l'océan Arctique
- le bassin du golfe du Mexique
- le bassin de la baie d'Hudson, de la baie James et de la baie d'Ungava
- le bassin de l'océan Atlantique

Circulation océanique

Dans les océans, les eaux peuvent circuler horizontalement (courants de surface) ou verticalement (circulation thermohaline).

Les courants de surface sont causés par les vents et la rotation de la Terre. Dans l'hémisphère Nord, les courants de surface de chaque océan effectuent une boucle dans le sens des aiguilles d'une montre ; dans l'hémisphère Sud, c'est le contraire.

La circulation thermohaline est causée par deux facteurs : la température de l'eau et sa salinité. Plus l'eau est froide, plus elle est dense et a tendance à plonger en profondeur. En outre, plus la salinité de l'eau est élevée, plus cette eau est dense et a tendance à aussi plonger en profondeur.

Salinité de l'eau

La salinité représente la concentration massique de sel dans les océans : elle varie de 30 à 37 g/L.

L'évaporation de l'eau de surface augmente la salinité de cette eau, particulièrement dans les régions chaudes.

Les glaces marines sont formées d'eau pure. Lorsqu'elles se forment, la salinité des eaux environnantes augmente. Lorsqu'elles fondent, la salinité des eaux environnantes diminue.

Glaciers et banquises

Glace continentale	
Calotte glaciaire	Glace formée dans les régions arctiques et antarctiques
Glacier	Glace formée dans les hautes montagnes
Glace océanique	
Iceberg	Petit bloc de glace détaché des glaces continentales
Banquise	Immense surface de glace formée sur les mers et océans

Ressources énergétiques liées à l'hydrosphère

Type d'énergie	Provenance
Énergie hydroélectrique	Chutes d'eau
Énergie marémotrice	Marées
Énergie hydrolienne	Courants marins

Atmosphère

L'effet de serre, c'est la capacité qu'ont les gaz de l'atmosphère à retenir près de la Terre une partie de la chaleur provenant du soleil.

Gaz à effet de serre

Gaz	Formule	Provenance
Vapeur d'eau	H_2O	Évaporation, respiration
Gaz carbonique	CO_2	Respiration, combustion naturelle et anthropique
Méthane	CH_4	Décomposition en milieu anaérobique, sites d'enfouissement, bovins (pets)
Oxyde nitreux	N_2O	Bactéries du sol, océans, engrais

Masses d'air

En météorologie, une masse d'air est un grand volume d'air pouvant être chaud ou froid, humide ou sec.

On parle de front chaud lorsqu'une masse d'air chaud remplace une masse d'air froid. Moins dense, ce nouvel air chaud monte en altitude, ce qui condense son humidité (nuages) et crée des précipitations de longue durée.

aide-mémoire «««««««««««««««

On parle de front froid lorsqu'une masse d'air froid remplace une masse d'air chaud. L'air chaud monte rapidement en altitude, ce qui condense son humidité (nuages) et crée de grandes précipitations subites (averses ou orages).

Anticyclone et dépression

Un anticyclone est associé à une zone de beau temps (haute pression). Au Québec, dans une région touchée par un anticyclone, les vents soufflent faiblement d'ouest en est.

Une dépression est associée à une zone de mauvais temps (basse pression). Au Québec, une région subissant une dépression voit les vents souffler d'est en ouest de façon soutenue.

Circulation atmosphérique

Cellule de Ferrel	Latitudes (nord ou sud)
Cellule tropicale	Entre 0° et 30°
Cellule tempérée	Entre 30° et 60°
Cellule polaire	Entre 60° et 90°

Zone météorologique	Latitudes (nord ou sud)
Basse pression	± 0°
Haute pression	± 30°
Basse pression	± 60°
Haute pression	± 90°

Ressources énergétiques liées à l'atmosphère

Type d'énergie	Provenance
Énergie éolienne	Vents
Énergie solaire	Soleil

Espace

Flux d'énergie émis par le soleil

$$E = \sigma T^4$$

où : E = flux d'énergie émis par rayonnement (W/m^2)
σ = constante de Stefan-Boltzmann = $5{,}67 \times 10^{-8}$ $W/(m^2K^4)$
T = température absolue du corps rayonnant (K)

$$T = t + 273$$

où : T = température absolue du corps rayonnant (K)
t = température du corps rayonnant (°C)

Spectre du rayonnement solaire

Type de rayonnement	Caractéristiques
Infrarouge	– Rayonnement moins énergétique que la lumière visible – Responsable de la sensation de chaleur
Lumière visible	– Partie visible du rayonnement solaire
Ultraviolet	– Rayonnement plus énergétique que la lumière visible – Responsable des coups de soleil et brûlures diverses

Échanges énergétiques entre la Terre et l'espace

Le flux énergétique reçu par l'atmosphère terrestre est de 342 W/m^2. Environ 31% de cette énergie est réfléchie dans l'espace sans conséquence sur la Terre. L'autre portion est absorbée par l'atmosphère ou par la surface de la Terre.

Effet gravitationnel Terre-Lune

En exerçant une force gravitationnelle sur les eaux de la Terre, la Lune crée le phénomène des marées. Le soleil y joue aussi un rôle, mais à moindre échelle.

Sur la figure ci-contre, la marée sera haute aux points A et C, et elle sera basse aux points B et D. À noter que l'amplitude des marées sera plus importante si la Lune est nouvelle ou pleine. Le même phénomène se produit aux équinoxes de printemps et d'automne.

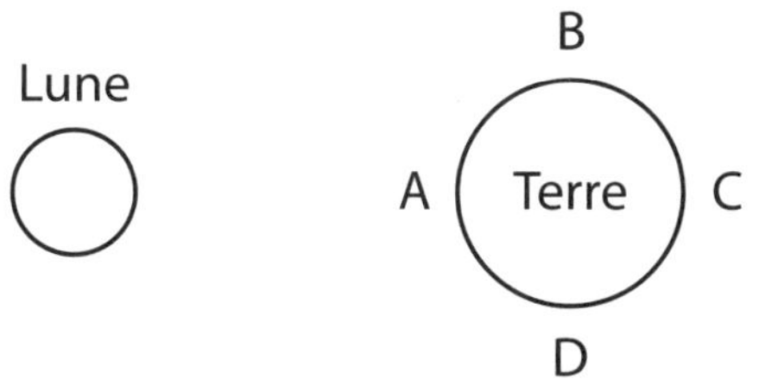

UNIVERS TECHNOLOGIQUE

Ingénierie mécanique

Liaisons des pièces mécaniques

Une liaison entre deux pièces mécaniques peut être :

- directe ou indirecte
- démontable ou indémontable
- rigide ou élastique
- totale ou partielle

Fonctions de guidage

Un dispositif qui dirige le mouvement en translation ou en rotation d'une pièce par rapport à une autre remplit une fonction de guidage.

Systèmes de transmission du mouvement

Les différents systèmes de transmission du mouvement sont :

- les roues à friction
- les poulies et la courroie
- les roues dentées
- les roues dentées et la chaîne
- la roue dentée et la vis sans fin

Changements de vitesse

Dans un système de transmission du mouvement, le système menant est relié au système moteur, tandis que le système mené est relié au système récepteur.

Dans un système de transmission du mouvement incluant deux roues à friction, deux poulies ou deux roues dentées, il y a deux possibilités :

- si la roue menant est x fois plus grande que la roue menée, la roue menée tourne x fois plus vite que la roue menant.
- si la roue menant est x fois plus petite que la roue menée, la roue menée tourne x fois moins vite que la roue menant.

Systèmes de transformation du mouvement

Les différents systèmes de transformation du mouvement sont :

- la vis et l'écrou
- le pignon et la crémaillère
- la bielle et la manivelle (avec ou sans coulisseau)
- la came et le galet

Ingénierie électrique

Fonction d'alimentation

Il existe 5 méthodes pour induire un courant électrique :

- L'action chimique
- La chaleur
- La pression
- La lumière
- Le magnétisme

Fonction de commande

Type de composante	Symbole
Interrupteur unipolaire	
Commutateur unipolaire à double position	
Commutateur bipolaire à double position	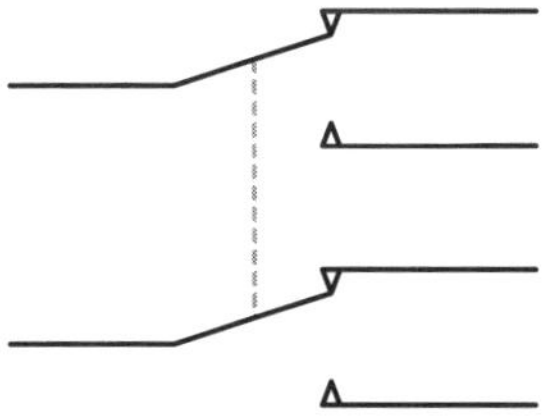
Sélecteur	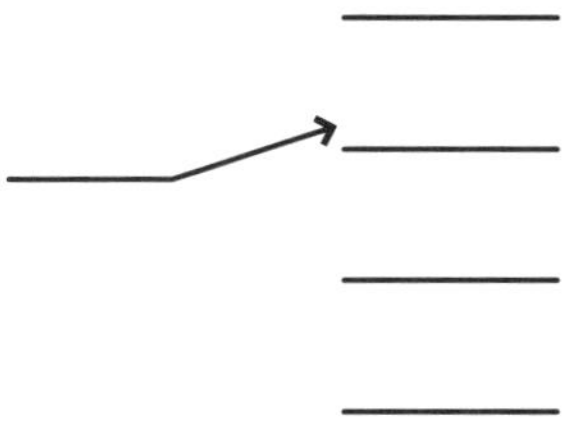

Fonction de conduction, d'isolation et de protection

La fonction de conduction est assurée par une ou plusieurs fines tiges métalliques (cuivre) qui permettent le passage du courant électrique.

La fonction d'isolation est assurée par une gaine de plastique ou de caoutchouc qui entoure le fil métallique conducteur. Cette gaine assure que le courant reste à l'intérieur de la gaine, sur le(s) fil(s) métallique(s) conducteur(s).

La fonction de protection est assurée par un fusible ou un disjoncteur. Lorsque le courant électrique devient momentanément trop intense (surcharge), le fusible ou le disjoncteur interrompt le passage du courant électrique pour empêcher celui-ci de faire brûler ou fondre des parties importantes d'un circuit électrique.

Fonction de transformation de l'énergie

Les résistances sont les éléments d'un circuit électrique qui transforment l'énergie fournie par la pile. Il existe plusieurs catégories de résistances :

- la résistance pure
- la résistance variable
- l'élément chauffant
- la lumière
- le moteur
- la bobine
- le transformateur
- la diode électroluminescente

Matériaux

Contraintes subies par les matériaux

Type de contrainte	Symbole
Tension	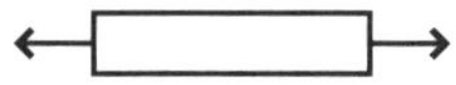
Compression	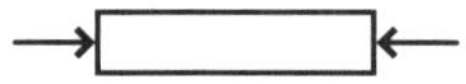
Flexion	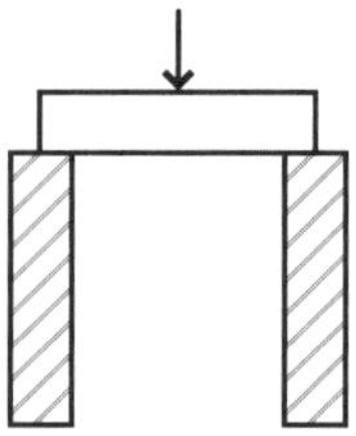
Cisaillement	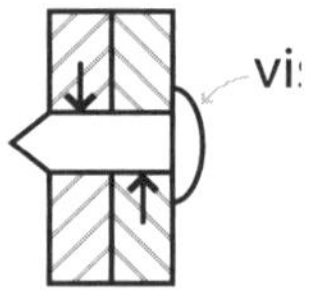

Caractérisation des propriétés mécaniques

Mécaniquement, les matériaux sont caractérisés par leur dureté, leur malléabilité, leur élasticité, leur ténacité, leur ductilité et leur fragilité.

Dégradation et protection des propriétés des matériaux

Les matériaux peuvent être victimes d'oxydation, de corrosion, de décoloration ou de pourrissement.

Pour protéger les matériaux d'une dégradation trop rapide, il est possible d'appliquer sur leur surface de la teinture (bois, tissus), de la peinture ou du vernis. Les alliages sont également une excellente manière de freiner la dégradation.

Matières plastiques

Type de plastique	Caractéristiques
Thermoplastiques	Les thermoplastiques peuvent être fondus grâce à la chaleur, après quoi on peut leur donner une certaine forme.
Thermodurcissables	Lorsque formés, les thermodurcissables ne peuvent être remodelés, même sous l'effet de la chaleur; ils sont très cassants.

Matériaux composites

Un matériau composite est un mélange hétérogène formé de deux constituants ou plus, et comprenant souvent un plastique. Les propriétés de ce matériau sont supérieures à celles de ses constituants.

Les matériaux composites sont formés de renforts ou fibres (ossature) et de matrices ou résines (remplissage).

Céramiques (terre cuite)

Matériau fait de matière terreuse (terre, roche) que l'on peut réduire en poudre, modeler et cuire (durcissement).

Les céramiques industrielles possèdent les propriétés suivantes : elles sont dures, mécaniquement et thermiquement résistantes, durables, imperméables, isolantes et peu réactives chimiquement.

TABLEAU PÉRIODIQUE DES ÉLÉMENTS

	1	2	3	4	5	6	7	8	9	10	11	12	13	14	15	16	17	18
1	1 H 1,00794 hydrogène																	2 He 4,00260 hélium
2	3 Li 6,941 lithium	4 Be 9,01218 béryllium											5 B 10,811 bore	6 C 12,0107 carbone	7 N 14,0067 azote	8 O 15,9994 oxygène	9 F 18,99840 fluor	10 Ne 20,1797 néon
3	11 Na 22,98977 sodium	12 Mg 24,3050 magnésium											13 Al 26,98154 aluminium	14 Si 28,0855 silicium	15 P 30,97376 phosphore	16 S 32,065 soufre	17 Cl 35,453 chlore	18 Ar 39,948 argon
4	19 K 39,0983 potassium	20 Ca 40,078 calcium	21 Sc 44,95591 scandium	22 Ti 47,867 titane	23 V 50,9415 vanadium	24 Cr 51,9961 chrome	25 Mn 54,93805 manganèse	26 Fe 55,845 fer	27 Co 58,93320 cobalt	28 Ni 58,6934 nickel	29 Cu 63,546 cuivre	30 Zn 65,38 zinc	31 Ga 69,723 gallium	32 Ge 72,64 germanium	33 As 74,92160 arsenic	34 Se 78,96 sélénium	35 Br 79,904 brome	36 Kr 83,798 krypton
5	37 Rb 85,4678 rubidium	38 Sr 87,62 strontium	39 Y 88,90585 yttrium	40 Zr 91,224 zirconium	41 Nb 92,90638 niobium	42 Mo 95,96 molybdène	43 Tc [98] technétium	44 Ru 101,07 ruthénium	45 Rh 102,90550 rhodium	46 Pd 106,42 palladium	47 Ag 107,8682 argent	48 Cd 112,411 cadmium	49 In 114,818 indium	50 Sn 118,710 étain	51 Sb 121,760 antimoine	52 Te 127,60 tellure	53 I 126,90447 iode	54 Xe 131,293 xénon
6	55 Cs 132,90545 césium	56 Ba 137,327 baryum	57-71 * La- Lu	72 Hf 178,49 hafnium	73 Ta 180,94788 tantale	74 W 183,84 tungstène	75 Re 186,207 rhénium	76 Os 190,23 osmium	77 Ir 192,217 iridium	78 Pt 195,084 platine	79 Au 196,96657 or	80 Hg 200,59 mercure	81 Tl 204,3833 thallium	82 Pb 207,2 plomb	83 Bi 208,98040 bismuth	84 Po [209] polonium	85 At [210] astate	86 Rn [222] radon
7	87 Fr [223] francium	88 Ra [226] radium	89-103 ** Ac- Lr	104 Rf [267] rutherfordium	105 Db [268] dubnium	106 Sg [271] seaborgium	107 Bh [272] bohrium	108 Hs [270] hassium	109 Mt [276] meitnerium	110 Ds [281] darmstadtium	111 Rg [280] roentgenium	112 Cn [285] copernicium	113 Uut [284] ununtrium	114 Uuq [289] ununquadium	115 Uup [288] ununpentium	116 Uuh [293] ununhexium		118 Uuo [294] ununoctium

*	57 La 138,90547 lanthane	58 Ce 140,116 cérium	59 Pr 140,90765 praséodyme	60 Nd 144,242 néodyme	61 Pm [145] prométhium	62 Sm 150,36 samarium	63 Eu 151,964 europium	64 Gd 157,25 gadolinium	65 Tb 158,92535 terbium	66 Dy 162,500 dysprosium	67 Ho 164,93032 holmium	68 Er 167,259 erbium	69 Tm 168,93421 thulium	70 Yb 173,054 ytterbium	71 Lu 174,9668 lutétium
**	89 Ac [227] actinium	90 Th 232,03806 thorium	91 Pa 231,03588 protactinium	92 U 238,02891 uranium	93 Np [237] neptunium	94 Pu [244] plutonium	95 Am [243] américium	96 Cm [247] curium	97 Bk [247] berkélium	98 Cf [251] californium	99 Es [252] einsteinium	100 Fm [257] fermium	101 Md [258] mendélévium	102 No [259] nobélium	103 Lr [262] lawrencium

Conseil national de recherches Canada — National Research Council Canada

Canada

http://www.nrc-cnrc.gc.ca/obj/nrc-cnrc/doc/tableau-periodique.pdf

aide-mémoire

Les symboles

km	kilomètre
C_i	concentration initiale de la solution
C_f	concentration finale de la solution
V_i	volume initial de la solution
V_f	volume final de la solution
cm	centimètre
ppm	partie par million
mg	milligramme
g	gramme
kg	kilogramme
mL	millilitre
L	Litre
s (réactions chimiques)	Solide
L	Liquide
G	Gazeux
Aq	Aqueux
n (univers matériel)	couche électronique
e_-	Électron
p_+	Proton
I	intensité de courant électrique
A	Ampère
R	Résistance
Ω	Ohm
U	tension électrique
V	Volt
P	Puissance

W (électricité)	Watt
E	Énergie
J	Joule
kJ	kilojoule
Δt	Intervalle de temps
s (unité de temps)	seconde
min	minute
kW	Kilowatt
MW	Mégawatt
kWh	kilowatt-heure
N	Nord
S	Sud
W (mécanique)	Travail
E_p	énergie potentielle
E_k	énergie cinétique
E_t	énergie mécanique
o	degré
±	plus ou moins (approximativement)
E (terre et espace)	flux d'énergie émis par rayonnement
Σ	constante de Stefan-Boltzmann = 5,67 x 10^{-8} W/(m^2K^4)
m	mètre
T	température absolue
K	kelvin
t (terre et espace)	Température
°C	degré Celsius

»»»»»»»»»»»»»»»» exercice 1

Populations et communautés

1. Trouver l'erreur dans la phrase suivante :

   « la population de grenouilles et de crapauds dans ce marais est à la hausse ».

   ____

   ____

   ____

2. Indiquer s'il s'agit d'une densité de population par unité de surface (S) ou par unité de volume (V) :

   a) Caroline désire déterminer la quantité de poissons présents dans son aquarium : ______

   b) L'administrateur d'une ZEC désire engager un biologiste pour estimer le nombre d'orignaux présents sur le territoire de la ZEC : ______

   c) Le ministère de l'Environnement d'un pays désire connaître l'impact sur les nénuphars dans un lac de la construction de chalets : ______

3. Lorsqu'elle sort de l'œuf, la grenouille verte passe par le stade de têtard avant de prendre la forme d'une grenouille. Comment se nomme l'ensemble de ces différentes étapes du développement de la grenouille verte ?

   ____

4. Quelle technique permet de déterminer la densité d'une population avec une certitude absolue ?

   ____

5. À la mi-juin, on désire estimer la population nicheuse de colibris à gorge rubis dans la forêt ceinturant l'école secondaire Les Compagnons de Cartier à l'aide de la méthode de capture-recapture. Le 15 juin 2009, on a procédé à la capture et au baguage de 8 colibris. Le 15 juin 2010, on capture 8 colibris, dont 2 individus portent une bague posée l'année précédente. À combien estime-t-on la population de colibris à gorge rubis dans cette forêt ?

6. Un agriculteur désire avoir une estimation de la quantité de coccinelles vivant dans son champ. Pour économiser, il demande à un biologiste de faire un seul échantillonnage dans une parcelle de son champ se trouvant tout près de la rivière, à proximité de sa maison. C'est le seul secteur de son champ situé à moins d'un mètre de la rivière.

   Déterminer deux problèmes avec la méthode d'échantillonnage suggérée par l'agriculteur.

   ____

   ____

   ____

7. Compléter

   a) Dans un territoire, l'ensemble des individus d'une même espèce se nomme ______________

   b) Dans un territoire, l'ensemble des populations présentes se nomme ______________

8. Dans les plaines de l'Ouest américain, il existe certaines zones protégées qui abritent des populations de chiens de prairies. Le chien de prairie est un petit mammifère furtif. De fait, il est difficile de recenser ces animaux dans un territoire. Par contre, en comptant le nombre de terriers présents dans ce territoire, il est facile d'y estimer la population de chiens de prairie, sachant qu'environ 8 chiens de prairie occupent un seul terrier.

   a) Combien de chiens de prairie y a-t-il dans un territoire comprenant 18 terriers ?

   ____

   b) Quelle est la densité des chiens de prairie dans un territoire dont la surface mesure 6 km^2 ?

   ____

   c) Dans un état plus au sud, on compte le même nombre de terriers dans un territoire de 4 km^2. La densité de population est-elle plus élevée que précédemment ? Expliquer et faire les calculs.

   ____

9. Quel type de relation biotique est représenté par chacune des situations suivantes ?

   a) Certains oiseaux se nourrissent de petits organismes qui se logent dans les dents du crocodile.

   ____

b) Les moules zébrées envahissent les quais des zones côtières depuis plusieurs années.

____

c) Dans une mangeoire à chardon ne servant à nourrir que le chardonneret jaune, il n'y a de la place que pour 8 oiseaux.

____

d) Le grand pingouin a été longuement et farouchement chassé sur les côtes du Labrador, si bien qu'il n'en reste plus un seul.

____

e) Le nodule noir est un champignon qui pousse sur les cerisiers. S'ils ne sont pas traités, les cerisiers ne survivront que quelques années.

____

f) Les tourterelles tristes et les cardinaux rouges adorent les graines de tournesol mises à leur disposition.

____

g) Le pigeon biset n'a pas toujours été présent en Amérique du Nord. C'est un oiseau qui a été importé d'Europe par quelques colons.

____

h) L'épaulard ou orque se nourrit de phoques qui osent s'aventurer trop loin en mer.

____

10. Sachant que le pin gris est une espèce plus adaptée au feu que l'épinette noire, classer les éléments suivants en tenant compte de la succession écologique : pins gris, fleurs, framboisiers (arbustes), épinettes noires, feu de forêt. S'agit-il d'une succession écologique secondaire ou primaire ?

    Feu de forêt →

11. L'ensemble des organismes vivants de la planète Terre se nomme ____________________.

12. L'ensemble des êtres humains habitant un pays se nomme ____________________.

test

1. Déterminer s'il est préférable d'utiliser le recensement (R) ou l'échantillonnage (E) dans les cas suivants.

   a) Déterminer la population de vers de terre dans un jardin de 20 m^2 __________

   b) Déterminer le nombre de caryers dans un petit parc urbain __________

   c) Déterminer le nombre de pins gris dans une forêt de 30 hectares __________

   d) Déterminer le nombre de poissons-clowns dans un grand aquarium __________

2. On désire déterminer, par échantillonnage, le nombre d'insectes occupant un grand jardin communautaire de 200 m^2. Dans cinq échantillons de 1 m^2 de surface, on compte respectivement 125, 145, 136, 123 et 121 insectes. Combien d'insectes y a-t-il environ dans le jardin ?

3. Quel type de relation biotique est représenté par la situation suivante : deux meutes de loups occupent des territoires connexes. Le manque de nourriture dans le territoire d'une meute oblige celle-ci à envahir le territoire de l'autre pour se ravitailler, ce qui ne convient pas à l'autre meute, qui voit ses ressources précieuses être consommées pas d'autres loups.

   ____

4. En 2008, la méthode de capture-recapture a été utilisée pour estimer la population de souris sauteuses dans un territoire. La technicienne ne parvient pas à retrouver le fichier informatique qui indique le nombre de captures effectuées en 2008. Par contre, pour 2009, son petit bout de papier indique qu'elle a capturé 40 souris sauteuses, dont 36 n'avaient pas été baguées en 2008, pour une population estimée à 580 souris. Quel a été le nombre d'individus bagués en 2008 ?

   ____

   ____

   ____

1. Déterminer les deux principales composantes formant un écosystème?

____

2. Voici quelques éléments faisant partie d'un écosystème forestier. Déterminer s'il s'agit oui ou non d'un facteur abiotique de cet écosystème.

   a) Un sol pauvre en sels minéraux: __________

   b) Des champignons qui poussent sur un arbre malade: __________

   c) Le vent du nord-est qui siffle à travers les branches d'arbres: __________

   d) De l'herbe à puce: __________

   e) Une martre blessée dans un piège humain: __________

   f) L'écorce d'un caryer : __________

   g) La concentration d'oxygène dissous dans l'eau: __________

   h) Un étang de castor: __________

3. Nommer les deux principales composantes d'une relation trophique.

____

4. Déterminer les trois niveaux trophiques présents dans tout grand écosystème.

____

____

5. On pense que la disparition des dinosaures a pu être causée par une immense éruption volcanique. Ce volcan aurait craché des cendres, obscurcissant le ciel pendant plusieurs années.

   En supposant que cette hypothèse soit véridique, expliquer pourquoi les dinosaures auraient disparu.

____

____

____

exercice 2 ««««««««««««««««

Dynamique des écosystèmes

6. Imaginer une relation trophique dans laquelle il y a beaucoup plus de prédateurs que de proies. Déterminer l'avenir à court, moyen et long terme de cette relation trophique.

7. Déterminer s'il s'agit d'un producteur, d'un consommateur ou d'un décomposeur. Au besoin, déterminer le type de consommateur.

a) Un tournesol

b) Un épervier brun (oiseau rapace) se nourrissant d'un merle, sachant que le merle se nourrit de petits fruits de sorbier

c) Un épervier brun (oiseau rapace) se nourrissant d'un mulot, sachant que celui-ci se nourrit de petits insectes herbivores

d) Un tigre se nourrissant d'une gazelle

e) Une couleuvre se nourrissant d'une souris herbivore

f) L'osmonde cannelle (fougère)

g) Un ver de terre dans le compost

h) De la mousse sur une pierre

i) Un ours noir qui mange des bleuets

j) Un grizzly qui mange du saumon, lui-même amateur de petits poissons herbivores

k) Un renard qui se nourrit d'une poule de basse-cour

8. Un animal dit omnivore est simultanément herbivore et carnivore. À quel(s) niveau(x) d'une chaîne alimentaire peut-il appartenir ? Soyez précis.

____

____

9. Dans une pyramide d'énergie, certaines sources fiables mentionnent qu'environ 12,5 % de l'énergie est transférée d'un niveau à l'autre.

 a) Quel pourcentage de l'énergie d'un producteur est accessible au consommateur secondaire ?

 b) Dans la toundra, le caribou est un gros consommateur de lichen. Sachant que le caribou a besoin de 25 000 kilojoules d'énergie par jour, quelle surface de lichen doit-il consommer sachant qu'une surface de 1 m^2 couverte de lichen est porteuse de 11 500 kilojoules d'énergie ?

10. Environ 20 % de la masse d'un caribou est composée de muscles (viande).

 a) Quelle masse d'un caribou de 185 kg serait comestible ?

 b) Sachant que le caribou se nourrit de lichen, quelle place occupe le loup dans la chaîne alimentaire ? ______________________________

11. Pourquoi la vie sur Terre serait-elle impossible sans les producteurs ?

____

____

____

____

test

1. Supposons que tu sois prisonnier dans un endroit clos. En quoi la présence d'une plante dans cet endroit t'aidera-t-elle à survivre plus longtemps?

____

2. Des champignons transforment la matière organique en sels minéraux se dissolvant dans l'eau. Cette eau est assimilée par les bouleaux jaunes situés dans le voisinage immédiat de ces champignons.

a) À quelle grande famille appartiennent les champignons?

____

b) Dans la chaîne alimentaire, à quelle grande famille appartiennent les bouleaux jaunes?

____

c) Certaines chenilles adorent se rassasier des feuilles du bouleau jaune. À quelle grande famille de la chaîne alimentaire appartient la chenille?

____

d) Certains organismes vivants trouvent leur nourriture dans les feuilles mortes du bouleau jaune. À quelle grande famille appartiennent ces organismes?

____

e) La paruline à tête cendrée adore se nourrir des chenilles décrites en c). À quelle grande famille de la chaîne alimentaire appartient cet oiseau?

____

f) Le faucon émerillon aime bien chasser la paruline à tête cendrée. À quelle grande famille de la chaîne alimentaire appartient cet oiseau?

3. Une plante carnivore est un organisme vivant spécial. Bien qu'étant une plante (producteur), elle se nourrit d'insectes qui lui apportent les éléments nutritifs qui lui seraient autrement non accessibles dans le sol à cause de la pauvreté de celui-ci. Décrire la relation trophique existant entre une plante carnivore et un petit insecte.

____

»»»»»»»»»»»»»» exercice 3

Solutions et concentrations

Dans les problèmes suivants, on considère que la masse volumique de l'eau ou de toute solution aqueuse diluée est de 1 kg/L.

1. La loi exige que la concentration maximale de cuivre dans l'eau potable soit de 2 ppm.

   a) À quelle concentration en g/L cette concentration correspond-elle ? _________

   b) Déterminer la masse maximale de cuivre en mg qui doit se trouver dans une marmite contenant 20 tasses de solution aqueuse (1 litre ≈ 4 tasses).

2. Voici un tableau représentant la solubilité de l'oxygène dans l'eau à différentes températures.

Température (°C)	Solubilité (g/100 ml d'eau)
1	7,7
5	6,4
10	5,7
15	5,0
20	4,4

   a) Tirer une conclusion générale par rapport à l'évolution de la solubilité de l'oxygène dans l'eau en fonction de la température de l'eau.

   ____

   b) Quelle masse d'oxygène est dissoute dans un litre d'eau dont la température est de 20 °C ?

   ____

   c) Supposons que nous avons une casserole contenant un litre d'eau à 20 °C. Quelle masse d'oxygène <u>supplémentaire</u> sera dissoute si on met la casserole dans un réfrigérateur dont la température est de 5 °C ?

   ____

exercice 3 «««««««««««««««

Solutions et concentrations

3. Le graphique ci-dessous représente l'évolution de la solubilité du chlorure de sodium (NaCl : sel de table) dans l'eau en fonction de la température de l'eau.

Solubilité aqueuse de NaCl

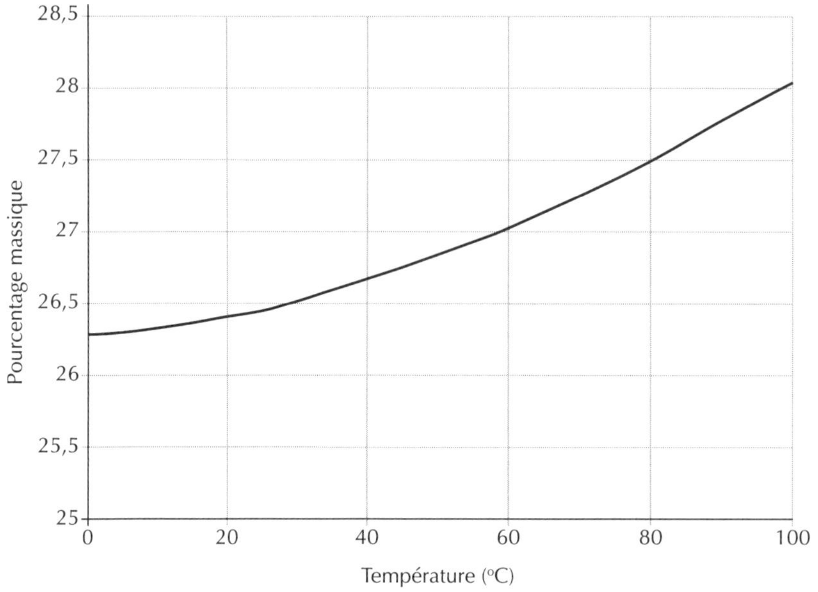

Source : http://fr.academic.ru/pictures/frwiki/83/Solubilite_NaCl.png

a) Tirer une conclusion générale par rapport à l'évolution de la solubilité de l'oxygène dans l'eau en fonction de la température de l'eau.

____

____

____

____

b) Déterminer la masse de sel qu'il est possible de solubiliser dans 400 ml d'eau à 80 °C.

c) Déterminer la concentration finale en pourcentage de la solution précédente si l'on y ajoute 1,2 litre d'eau.

4. À 70 °C, la solubilité du chlorure d'ammonium (NH_4Cl) est de 60 g/100 mL d'eau. Déterminer le contenu final d'un grand bécher contenant un litre d'eau dans lequel on a ajouté 1 kilogramme de chlorure d'ammonium solide.

5. Juste avant de partir pour la fin de semaine, un technicien de laboratoire transvase 100 ml d'eau dans un très grand bécher non fermé hermétiquement. Le lundi, en rentrant au travail, il fait une analyse de la concentration de plomb dans l'eau et se rend compte que cette concentration est de 0,015 ppm, ce qui est supérieur à la concentration acceptable de plomb dans l'eau (0,010 ppm).

a) Pourquoi l'analyse de plomb dans l'eau effectuée par le technicien est-elle douteuse ?

____

____

b) Sachant que la concentration de plomb dans l'eau du robinet est de 0,009 ppm, quel volume d'eau s'est évaporé ?

6. Certaines usines utilisent l'eau froide des rivières dans les systèmes de refroidissement de leurs procédés industriels. Après utilisation, cette eau est rejetée dans la nature à une température supérieure à sa température initiale. Puisque la faune aquatique a besoin d'oxygène pour respirer et survivre, déterminer l'impact du réchauffement de l'eau sur la faune aquatique.

____

____

____

____

____

test

1. On estime qu'une concentration supérieure à 35 ppm de monoxyde de carbone dans l'air peut causer des maux de tête.

   a) À une concentration de 35 ppm, quel volume de monoxyde de carbone en cm^3 est contenu dans l'habitacle d'une voiture dont le volume est de 3 m^3 ?

   b) Quel volume d'air pur (sans monoxyde de carbone) doit-on ajouter dans l'habitacle de cette voiture pour faire descendre la concentration de monoxyde de carbone à 10 ppm ?

2. Le chlorure de magnésium est un sel vendu en magasin pour déglacer les entrées de maison. À 20 °C, sa solubilité dans l'eau est de 542 g/L d'eau ; à 100 °C, elle monte à 727 g/L d'eau.

   a) Combien d'eau à 20 °C est nécessaire pour solubiliser un sac de 80 kilogrammes de chlorure de magnésium ?

   b) Mon beau-frère mentionne que si on fait monter la température de la solution à 100 °C, on pourra augmenter de 50 % la quantité de chlorure de magnésium solubilisé dans l'eau. A-t-il raison ?

»»»»»»»»»»»» exercice 4

Électrolytes

1. Compléter le tableau suivant.

Électrolyte	Acide, base ou sel ?	Ions en solution	Équation de dissociation
a) NaCl	Sel		
b) _______		Li^+ et OH^-	
c) _______			$LiF (s) \rightarrow Li^+ (aq) + F^- (aq)$
d) HBr			
e) _______			$HF (l) \rightarrow H^+ (aq) + F^- (aq)$
f) _______		K^+ et I^-	
g) RbOH			
h) _______			$NaOH (s) \rightarrow Na^+ (aq) + OH^- (aq)$
i) _______		H^+ et Cl^-	

2. Un circuit électrique est composé d'une pile et d'une ampoule. Pour compléter le circuit, on y ajoute une solution dans laquelle baignent deux électrodes.

   a) Une première solution que l'on ajoute au circuit entraîne une faible lueur de l'ampoule. La solution est donc un électrolyte ______________, c'est-à-dire un électrolyte qui ______________

   ____

   b) Une deuxième solution que l'on ajoute entraîne une ______________ lueur de l'ampoule. La solution est donc un électrolyte ______________, c'est-à-dire un électrolyte qui libère beaucoup d'ions en solution.

   c) Une troisième solution ne fait pas allumer l'ampoule. On a donc affaire à un ______________,

   c'est-à-dire ____

3. Généralement, les sels sont des composés ioniques formés d'un ______________ et d'un ou plusieurs ______________. Si on remplace le métal par l' ______________, nous obtenons un acide.

4. Malgré la présence du regroupement OH dans sa formule, expliquer pourquoi l'éthanol (C_2H_5OH), présent dans les boissons alcoolisées, n'est pas considéré comme une base ? ______________

____

exercice 4 «««««««««««««««««

Électrolytes

5. Pour chacun des composés suivants, déterminer s'il s'agit d'un composé ionique ou moléculaire. S'il s'agit d'un composé ionique, dire s'il s'agit d'un acide, d'une base ou d'un sel.

Composé	Type de composé	Type de composé ionique
a) N_2		
b) C_2H_5COOH		
c) CaF_2		
d) $LiBr$		
e) H_2O		
f) NH_4Cl		
g) HNO_3		
h) NH_3		
i) CH_3OH		
j) $Ba(NO_3)_2$		
k) H_3PO_4		
l) P_2O_5		
m) NH_4OH		
n) $Al(OH)_3$		
o) HCN		

6. Lorsqu'ils sont dissous dans le café, pourquoi des sucres comme le glucose ($C_6H_{12}O_6$) ne rendent-ils pas le café conducteur?

____

____

7. Quoique l'eau pure ne soit pas un électrolyte, qu'est-ce qui peut expliquer que:

a) l'eau salée est conductrice?

____

b) l'eau douce (non salée) est conductrice?

____

8. La sueur de l'être humain est légèrement salée. En quoi une boisson de type « Gatorade » contenant des électrolytes est-elle bénéfique après un entraînement intensif?

____

____

9. Une solution qui n'a aucun effet sur le papier tournesol, qu'il soit rouge ou bleu, est-elle nécessairement un électrolyte?

____

____

10. Tout composé ionique est formé de deux ions: un ion positif, appelé ______________, et un ion ______________, appelé anion.

11. Sous forme d'équation chimique (réactif → produit), déterminer la réaction d'une faible quantité de saccharose solide dans l'eau, le saccharose ($C_{12}H_{22}O_{11}$) étant très soluble dans l'eau.

12. En solution, tous les sels ne sont pas neutres. En effet, il existe des sels acides et des sels basiques.

a) Une solution aqueuse d'un sel, le chlorure de sodium (NaCl), ne modifie ni la couleur du papier tournesol bleu, ni celle du papier tournesol rouge. Le chlorure de sodium est donc un sel

______________.

b) La mesure du pH d'une solution aqueuse de chlorure d'ammonium (NH_4Cl) est de 8,9. Le chlorure d'ammonium est donc un sel ______________ .

c) Une solution aqueuse d'acétate de sodium (CH_3COONa) colore en rouge le papier tournesol bleu. L'acétate de sodium est donc un sel ______________ .

13. On branche un petit ventilateur dans un circuit contenant déjà une pile et une solution électrolytique. Malgré tout, le ventilateur ne tourne pas. Qu'est-ce qui peut expliquer cette situation?

____

____

____

test

1. Voici une liste de composés chimiques. Dans la colonne 2, déterminer d'abord s'il s'agit d'un composé ionique ou moléculaire. Au besoin, préciser la nature du composé ionique dans la colonne 3.

Composé	Type de composé	Type de composé ionique
a) LiI		
b) ZnS		
c) S_8		
d) AgOH		
e) $Ni(OH)_2$		
f) C_3H_7COOH		
g) CuCl		
h) MgO		
i) $CaBr_2$		
j) HI		

2. Déterminer l'équation de dissociation ionique des composés suivants :

Électrolyte	Équation de dissociation
a) LiI	
b) AgOH	
c) CuCl	
d) HI	

3. Un composé moléculaire n'est pas un ______________, puisqu'il ne conduit pas le courant électrique quand il est dissous dans l'eau.

4. Une base forte comme l'hydroxyde de lithium (LiOH) se dissocie complètement dans l'eau. Illustrer à droite un bécher contenant la solution de LiOH.

»»»»»»»»»»»» exercice 5

Réactions chimiques

1. Identifier les deux réactifs présents dans une réaction de combustion ?

____

2. Pour chacune des situations suivantes, identifier le combustible et le comburant. Identifier aussi s'il s'agit d'une combustion vive ou d'une combustion lente.

   a) Un incendie de forêt :

   ____

   ____

   b) Le toit en cuivre du Château Frontenac qui s'oxyde :

   ____

   ____

   c) La corrosion du pont de Québec :

   ____

   ____

   d) Un cracheur de feu boit une bonne gorgée de gin avant d'enflammer sa torche :

   ____

   ____

   e) Les puits de pétrole qui s'enflamment au Koweït :

   ____

   ____

3. Lors de votre dernier plein d'essence, il y a eu débordement du réservoir, si bien qu'une quantité non négligeable d'essence s'est retrouvée au sol. Malgré la présence d'oxygène, pourquoi l'essence ne s'est-elle pas enflammée spontanément ?

____

4. Pourquoi une voiture ne rouillerait-elle pas sur la Lune ?

____

exercice 5

Réactions chimiques

5. Pourquoi dit-on que la végétation de la forêt amazonienne constitue un poumon important de la Terre ?

____

6. Pourquoi est-il judicieux de placer une plante d'intérieur près d'une fenêtre ?

____

7. On met une chandelle dans une grande serre vitrée et vide, fermée hermétiquement.

   a) Que se passe-t-il après quelque temps ? Pourquoi ?

   ____

   ____

   b) On répète la même expérience en ajoutant une petite souris dans la serre.

      i) La chandelle s'éteint-elle plus tôt ou plus tard ? Expliquer.

      ____

      ____

      ii) Qu'arrive-t-il à la souris ? Pourquoi ?

      ____

      ____

   c) On répète l'expérience avec une plante.

      i) La chandelle s'éteint-elle plus tôt ou plus tard ? Expliquer.

      ____

      ____

      ii) Que se passera-t-il si l'on augmente grandement la luminosité à l'intérieur de la serre ?

      ____

8. D'après vous, la respiration est-elle une réaction de combustion ? Si oui, identifier le combustible et le comburant. Est-ce une combustion vive ou une combustion lente ?

____

9. Lorsque nos vêtements prennent en feu, il est suggéré de se rouler par terre. Lequel des trois éléments du triangle de feu est affecté ?

____

10. Supposons les réactions de neutralisation suivantes. Pour chacune d'elles, identifier la nature des réactifs (acide ou base), ainsi que les produits de la réaction.

a) HCl (aq) + $NaOH$ (aq) → ____________ + ____________
   ____________   ____________

b) KOH (aq) + HNO_3 (aq) → ____________ + ____________
   ____________   ____________

c) $RbOH$ (aq) + HF (aq) → ____________ + ____________
   ____________   ____________

d) CH_3COOH (aq) + $NaOH$ (aq) → ____________ + ____________
   ____________   ____________

e) HBr (aq) + $NaOH$ (aq) → ____________ + ____________
   ____________   ____________

11. Lequel des trois éléments de la combustion est concerné par chacun des énoncés suivants ?

a) Pour éteindre un feu, il est préférable d'utiliser de l'eau froide.

____

b) Le contenu de certains extincteurs est à base de mousse, ce qui permet d'étouffer le feu.

____

c) Pour éteindre un feu de camp, on utilise du sable.

____

d) Les pompiers ne peuvent vraiment s'attaquer à un incendie hors de contrôle ; ils attendent tout simplement que le feu s'éteigne de lui-même.

____

12. Le déraillement d'un train cause un déversement d'acide sulfurique dans l'environnement. Quel type de produit chimique peut-on verser sur l'acide pour limiter son impact environnemental ? Expliquer l'impact de ce produit sur l'acide.

____

____

test

1. Le sodium sous forme solide réagit violemment en présence d'eau liquide pour former du dihydrogène (H_2) gazeux et de l'hydroxyde de sodium (NaOH) dissous dans l'eau.

   a) Identifier les réactifs de cette réaction.

   ____

   b) Identifier les produits de cette réaction.

   ____

   c) Écrire l'équation chimique de cette réaction, sans oublier d'inclure les phases (solide, liquide, aqueuse ou gazeuse) pour chaque substance.

2. L'hydroxyde de sodium (NaOH) dissous dans l'eau réagit avec une solution aqueuse d'acide fluorhydrique (HF) pour former de l'eau et un sel en solution aqueuse.

   a) Quel type de réaction est représenté ci-dessus ?

   ____

   b) Quelle est la nature du sel produit par cette réaction ? ______________

   c) Identifier les réactifs de cette réaction.

   ____

   d) Identifier les produits de la réaction.

   ____

   e) Écrire l'équation chimique de cette réaction, sans oublier d'inclure les phases pour chaque composante.

3. Chez la plante, quelle réaction chimique est prédominante pendant la nuit : la photosynthèse ou la respiration ? Expliquer.

   ____

»»»»»»»»»»»»»»» exercice 6

Balancer des équations chimiques / loi de conservation de la masse

1. Répondre aux questions relatives à l'équation chimique suivante :

$$2\ H_2O\ (l) \rightarrow 2\ H_2\ (g) + O_2\ (g)$$

   a) Quel est le nombre d'atomes d'hydrogène du côté des réactifs ? ______________

   b) Quel est le nombre d'atomes d'hydrogène du côté des produits ? ______________

   c) Quel est le nombre d'atomes d'oxygène du côté des réactifs ? ______________

   d) Quel est le nombre d'atomes d'oxygène du côté des produits ? ______________

   e) L'équation chimique est-elle équilibrée ? ______________

2. L'expression $3\ Pb(NO_3)_2$ fait partie d'une réaction chimique.

   a) Déterminer le coefficient en présence. ______________

   b) Déterminer l'indice du plomb. ______________

   c) Déterminer le nombre d'atomes de plomb présents. ______________

   d) Déterminer le nombre d'atomes d'azote présents. ______________

   e) Déterminer le nombre d'atomes d'oxygène présents. ______________

3. En solution aqueuse, une réaction chimique de neutralisation implique la présence d'acide phosphorique (H_3PO_4) et d'hydroxyde de sodium (NaOH) comme réactifs. Les produits de la réaction sont le phosphate de trisodium (Na_3PO_4) et de l'eau. Écrire et équilibrer cette réaction chimique.

4. Dans un barbecue, la combustion du propane (C_3H_8) avec le dioxygène de l'air entraîne la formation de gaz carbonique et de vapeur d'eau. Sachant que le propane est gazeux lorsqu'il entre en combustion, écrire et équilibrer cette réaction chimique.

exercice 6 «««««««««««««««««

Balancer des équations chimiques / loi de conservation de la masse

5. Équilibrer les réactions chimiques suivantes.

a) _____ S_8 + _____ O_2 → _____ SO_2

b) _____ HNO_3 + _____ $Ba(OH)_2$ → _____ $Ba(NO_3)_2$ + _____ H_2O

c) _____ N_2 + _____ H_2 → _____ NH_3

d) _____ C_2H_2 + _____ O_2 → _____ H_2O + _____ CO_2

e) _____ NaI + _____ $Pb(NO_3)_2$ → _____ $NaNO_3$ + _____ PbI_2

f) _____ C_8H_{18} + _____ O_2 → _____ CO_2 + _____ H_2O

g) _____ Ca + _____ Cl_2 → _____ $CaCl_2$

h) _____ $AgBr$ + _____ Cl_2 → _____ $AgCl$ + _____ Br_2

i) _____ MgO + _____ SO_3 → _____ $MgSO_4$

j) _____ $Ca(NO_3)_2$ + _____ Na_2CO_3 → _____ $NaNO_3$ + _____ $CaCO_3$

k) _____ $Ca(OH)_2$ + _____ HCN → _____ $Ca(CN)_2$ + _____ H_2O

l) _____ Na_2SO_3 + _____ HCl → _____ $NaCl$ + _____ SO_2 + _____ H_2O

m) _____ Al + _____ O_2 → _____ Al_2O_3

n) _____ $CaCO_3$ → _____ CaO + _____ CO_2

o) _____ H_2SO_4 + _____ $Al(OH)_3$ → _____ $Al_2(SO_4)_3$ + _____ H_2O

6. Lorsqu'on met un morceau de magnésium solide dans une solution aqueuse d'acide chlorhydrique (HCl), il en résulte un dégagement gazeux de dihydrogène ainsi qu'une production de dichlorure de magnésium ($MgCl_2$) dissous.

a) Écrire l'équation chimique équilibrée de cette réaction.

b) Au départ, le morceau de magnésium pèse 300 mg, tandis que la solution de HCl pèse 20 grammes. Quelle est la masse totale des produits de la réaction ?

c) Après la réaction, vous vous rendez compte que le contenu du bécher pèse réellement 20,27 grammes, une masse inférieure à celle trouvée en b). Que s'est-il passé ?

7. Le procédé Haber est utilisé pour produire de l'ammoniac (NH_3) à partir de diazote et de dihydrogène à l'état gazeux. Voici l'équation chimique balancée de cette réaction :

$$N_2\ (g) + 3\ H_2\ (g) \rightarrow 2\ NH_3\ (g)$$

a) Prouver que l'équation chimique est bel et bien équilibrée.

b) À l'aide de la table des masses volumiques ci-dessous, déterminer la masse d'ammoniac produite par des volumes de 33,4 litres de dihydrogène et de 11,2 litres de diazote gazeux ?

Composé	Masse volumique (g/L)
N_2 (g)	1,2506
H_2 (g)	0,08988

test 6 ««««««««««««««««««

Balancer des équations chimiques / loi de conservation de la masse

test

1. Pierre vous dit qu'après avoir balancé une réaction chimique, le nombre de molécules de réactifs doit être égal au nombre de molécules de produits. Dit-il vrai ? Supposons que nous avons l'équation chimique non balancée suivante :

$$HNO_3 \rightarrow NO_2 + H_2O + O_2$$

   a) Balancer cette équation chimique.

$$\_\_\_\_ HNO_3 \rightarrow \_\_\_\_ NO_2 + \_\_\_\_ H_2O + \_\_\_\_ O_2$$

   b) Quel est le nombre de molécules de réactifs ? _______

   c) Quel est le nombre de molécules de produits ? _______

   d) Pourquoi l'affirmation de Pierre est-elle erronée ?

   e) Quelle masse de HNO_3 est nécessaire à la production de 184 grammes de NO_2, 36 grammes de H_2O et de 32 grammes de O_2 ? _______

2. Balancer les équations chimiques suivantes.

   a) $\_\_\_\_ N_2 + \_\_\_\_ Cl_2 \rightarrow \_\_\_\_ NCl_3$

   b) $\_\_\_\_ CaCO_3 + \_\_\_\_ NaCl \rightarrow \_\_\_\_ Na_2CO_3 + \_\_\_\_ CaCl_2$

   c) $\_\_\_\_ H_2SO_4 + \_\_\_\_ Ca(OH)2 \rightarrow \_\_\_\_ CaSO_4 + \_\_\_\_ H_2O$

   d) $\_\_\_\_ CO_2 + \_\_\_\_ H_2O \rightarrow \_\_\_\_ O_2 + \_\_\_\_ C_6H_{12}O_6$

   e) $\_\_\_\_ Fe + \_\_\_\_ O_2 \rightarrow \_\_\_\_ Fe_2O_3$

1. Dans l'atome, quel nom donne-t-on à une particule possédant une charge :

   a) positive ? ______________________ b) négative ? ______________________

2. Bien que chaque élément du tableau périodique possède des protons et des électrons, qu'est-ce qui peut expliquer que chacun d'entre eux soit considéré comme neutre ?

   ____

   ____

3. Le noyau de l'atome de calcium contient 20 protons.

   a) Quel est le symbole de l'atome de calcium ? ______

   b) Combien d'électrons gravitent autour du noyau de l'atome de calcium ? ______

   c) Quel pourcentage de la masse de l'atome de calcium est représenté par la masse de tous ses électrons ?

   ____

   d) Quel est le rapport (en pourcentage) entre la masse d'un électron gravitant autour du noyau de l'atome de calcium et la masse de tous ses protons ?

   ____

   e) Combien d'électrons de valence possède l'atome de calcium ? ______

   f) Illustrer l'atome de calcium en utilisant la notation de Lewis.

   g) Illustrer l'atome de calcium en utilisant la configuration électronique complète.

   h) Illustrer l'atome de calcium en utilisant la configuration électronique en arcs de cercle.

exercice 7 «««««««««««««««««

Représentations de l'atome

4. En utilisant une configuration électronique complète, illustrer l'atome de soufre.

5. En utilisant une configuration électronique en arcs de cercle, illustrer chacun des atomes suivants.

Élément chimique	Symbole chimique	Configuration
a) Carbone		
b) Hydrogène		
c) Arsenic		
d) Rubidium		

6. En utilisant la notation de Lewis, illustrer chacun des atomes suivants.

Élément chimique	Symbole chimique	Notation de Lewis
a) Indium		
b) Magnésium		
c) Iode		
d) Krypton		

7. Quelle règle n'est pas respectée dans les configurations atomiques suivantes ?

	Configuration	Règle non respectée
a)		
b)	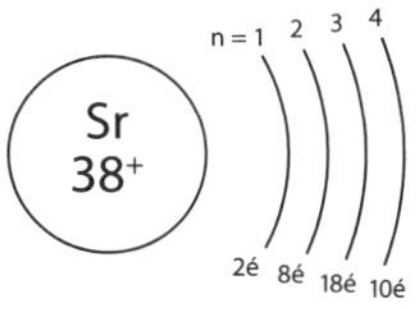	
c)		

8. Déterminer le nom et le symbole de l'élément chimique représenté par les illustrations suivantes.

	Illustration	Élément(s) chimique(s)	Symbole(s)
a)			
b)	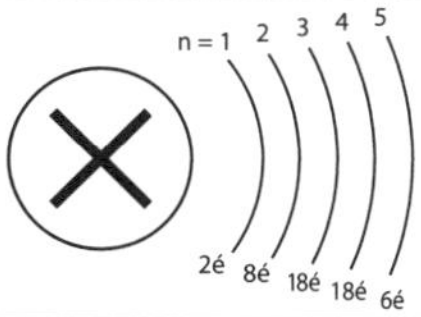		
c)	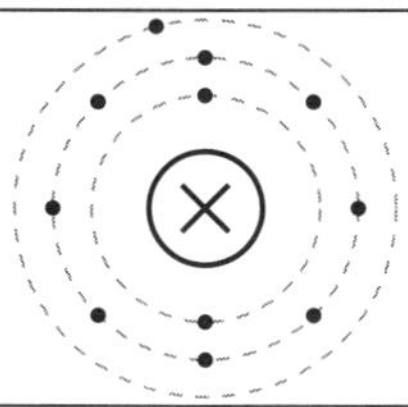		

9. Le radon est le gaz inerte le plus lourd dans le tableau périodique. Les gaz rares sont des éléments très peu réactifs et ils forment rarement des composés avec d'autres éléments chimiques.

a) Illustrer cet atome à l'aide de la notation de Lewis.	b) Illustrer cet atome à l'aide de la configuration en arcs de cercle.

test

1. Comment appelle-t-on les électrons qui occupent la couche électronique externe d'un atome ?

2. Les connaissances de Rutherford sur la gravitation des électrons autour du noyau atomique étaient limitées. Qu'en pensait-il avant que Bohr n'y apporte des précisions ?

3. Illustrer chacun des éléments suivants à l'aide de la notation de Lewis et de la configuration en arcs de cercle.

   a) le chlore

   b) le potassium

   c) le gallium

   d) le lithium

   e) le polonium

»»»»»»»»»»»»»»» exercice 8

Regroupements du tableau périodique

1. Le tableau périodique est divisé en colonnes.

   a) Quel nom donne-t-on aux colonnes du tableau périodique?

   ____

   b) Pour les colonnes IA à VIIIA du tableau périodique, quelle propriété de chaque élément est révélée par le chiffre romain identifiant la colonne?

   ____

   c) Quel est le nom de la famille dont tous les éléments ne possèdent qu'un seul électron de valence?

   ____

   d) À quelle famille chimique appartient le gallium? ______________________

   e) Quel est le nom de la famille dont tous les éléments sont gazeux à la température de la pièce?

   ____

2. Le tableau périodique est divisé en rangées.

   a) Quel nom donne-t-on aux rangées du tableau périodique?

   ____

   b) Quel est le nom de l'élément situé sur la quatrième période du tableau périodique qui possède à coup sûr sept électrons de valence? ______________________

   c) Combien de couches électroniques possède le sodium? ______________________

3. Le tableau périodique est divisé en trois grandes catégories: les métaux, les métalloïdes et les non-métaux. À quelle grande catégorie appartient chacun des éléments chimiques suivants?

   a) l'hydrogène: ______________________

   b) l'arsenic: ______________________

   c) le silicium: ______________________

   d) l'étain: ______________________

   e) le phosphore: ______________________

   f) l'iode: ______________________

exercice 8

Regroupements du tableau périodique

4. Associer les descriptions suivantes à une famille du tableau périodique.

   a) À partir de la gauche, nous formons la deuxième colonne du tableau périodique. ____________

   b) Notre réactivité est grande étant donné que seuls deux électrons occupent notre dernière couche électronique. ____________

   c) Mon noyau contient 85 protons. De quelle famille fais-je partie? ____________

   d) Notre famille est adjacente à celle des gaz rares. ____________

   e) Les éléments de notre famille réagissent très fortement avec l'eau. ____________

   f) Nous sommes les éléments les moins réactifs du tableau périodique. ____________

   g) Carburant de l'avenir, car les produits de ma combustion ne sont pas polluants. ____________

5. À l'aide des indices, trouver l'(les) élément(s) chimique(s) obéissant aux critères suivants.

   a) Métalloïde faisant partie de la famille IIIA.

   ____

   b) Cet élément de la deuxième période ne réagit ni avec les métaux, ni avec les non-métaux.

   ____

   c) Élément de transition faisant partie de la famille VIIIB, possédant quatre couches d'électrons.

   ____

   d) Élément dont les deux couches d'électrons sont saturées.

   ____

   e) Élément faisant cavalier seul dans sa famille chimique.

   ____

   f) Élément chimique possédant deux électrons de moins que le calcium.

   ____

   g) Élément de la famille IIIA possédant 10 électrons sur les couches électroniques internes.

   ____

   h) Métalloïde possédant 5 couches électroniques et ayant 5 électrons sur sa couche externe.

   ____

6. Qui suis-je ?

a) Je suis la famille d'éléments chimiques à laquelle appartient le baryum.

____

b) Je suis un élément chimique de la même famille que le potassium, mais je ne possède que deux couches d'électrons.

____

c) Je suis un élément bon conducteur d'électricité, possédant un seul électron de valence sur sa troisième couche électronique.

____

d) Je suis une famille d'éléments à laquelle il manque trois électrons pour posséder une couche électronique externe saturée.

____

e) Je suis un regroupement du tableau périodique dont les éléments sont de plus ou moins bons conducteurs d'électricité.

____

f) Je suis le numéro de la période à laquelle appartient l'uranium. ______________

g) Je suis un non-métal dont la quatrième couche d'électrons n'est pas saturée.

____

h) Je suis une famille du tableau périodique qui ne contient pas de métaux. ______________

i) Je suis un alcalin qui possède 18 électrons sur ses couches électroniques internes.

____

j) Je suis un élément chimique de la famille de l'oxygène qui conduit la chaleur. ______________

k) Je suis un halogène possédant un noyau autour duquel 17 électrons gravitent. ______________

l) Je suis un non-métal qui compose près de 80 % de l'air ambiant. ______________

m) Je suis un élément dont la sixième et dernière couche électronique est saturée. ______________

n) Je suis un élément très réactif avec le sodium, qui fait partie de la quatrième période du tableau périodique. ______________________________

test

1. Quelle(s) caractéristique(s) ont en commun :

   a) les métaux et les métalloïdes ?

   ____

   ____

   b) les non-métaux et les métalloïdes ?

   ____

   ____

2. Un certain isotope du cobalt, le cobalt 60, est radioactif, si bien qu'il est très utile dans le traitement des cancers (radiothérapie).

   a) Est-ce un métal, un non-métal ou un métalloïde ? ____________________

   b) Identifier la période et la famille de cet élément.

   ____

3. Identifier l'élément ou le regroupement d'éléments dont il est question.

   a) Je fais partie de la famille des éléments qui possèdent deux électrons de valence.

   ____

   b) Je suis un élément conducteur et sans éclat, qui possède des électrons sur trois couches électroniques. ____________________

   c) Je suis un métal de transition qui fait partie de la famille IIB et qui possède quatre couches d'électrons. ____________________

   d) Je suis un élément auquel il manque deux électrons pour avoir la configuration électronique du néon. ____________________

   e) Je suis un halogène qui possède la masse nucléaire la moins élevée. ____________________

   f) Je ne possède qu'un seul électron sur ma septième et dernière couche électronique.

   ____

   g) Très réactif avec l'hydrogène pour former des acides forts, ma troisième couche électronique est presque saturée. ____________________

»»»»»»»»»»»»»»» exercice 9

Électricité statique et charge électrique

1. Déterminer s'il y a attraction (A) ou répulsion (R) entre les paires d'objets suivantes.

   a) un objet en carence d'électrons et un objet avec un surplus de protons. _______

   b) un vêtement en soie et un vêtement en laine immédiatement après avoir été frottés ensemble. _______

   c) deux vêtements en laine, chacun ayant été frotté préalablement avec un vêtement de coton. _______

   d) deux objets chargés négativement. _______

2. On frotte une conduite en caoutchouc sur un chat. Déterminer pourquoi il y a attraction entre la conduite et le chat après le frottement.

   ____

   ____

3. Supposons que deux fourchettes possèdent des charges négatives semblables.

   a) Que se passe-t-il si l'on approche ces deux fourchettes sans qu'elles entrent en contact ? Pourquoi ?

   ____

   ____

   b) Y aura-t-il transfert de charges si les deux fourchettes se touchent ? Pourquoi ?

   ____

   ____

exercice 9 «««««««««««««««««

Électricité statique et charge électrique

4. Après avoir rapproché une retaille de soie et une retaille de coton que vous avez préalablement frottées, vous constatez qu'elles s'attirent. On obtient le même résultat avec une autre retaille de soie et une retaille de nylon. Par contre, l'attraction entre la soie et le nylon est plus forte. Expliquer pourquoi.

____

____

5. Un électroscope est un appareil simple permettant de détecter des charges électriques au sein des objets. En voici un schéma simplifié.

Qu'elles soient positives ou négatives, les charges électriques sont toujours réparties également entre les deux feuilles métalliques. Plus l'électroscope est chargé (positivement ou négativement), plus les feuilles métalliques se repoussent.

Électroscopes

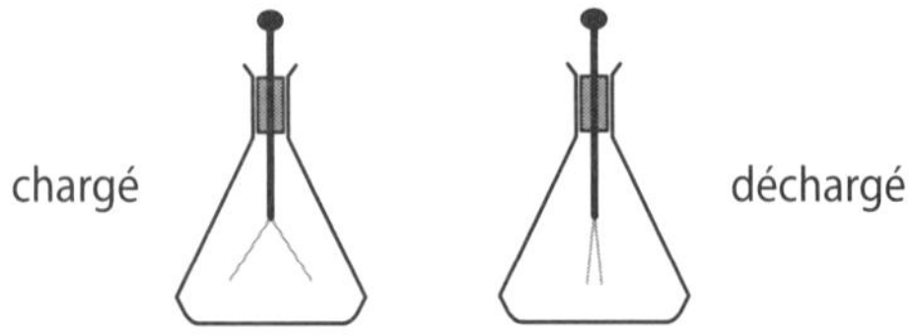

Source : www.science.uwaterloo.ca/~cchieh/cact/nuctek/interact.html

a) Supposons que l'électroscope ne soit pas chargé. Que se passe-t-il si un objet chargé positivement est approché de la zone de contact mais ne la touche pas ?

____

____

b) Après un certain temps, on éloigne l'objet. Qu'arrive-t-il aux feuilles métalliques ?

____

____

c) Le même objet chargé positivement touche à la zone de contact. Que se passe-t-il de différent ?

____

____

d) Après avoir éloigné l'objet, on approche un autre objet chargé négativement de la zone de contact, sans y toucher. Qu'arrive-t-il aux feuilles métalliques ? Pourquoi ?

____

____

____

6. Tout le monde a déjà expérimenté la chose suivante, volontairement ou pas. Vos semelles de chaussures frottent sur un tapis et ensuite vous prenez une petite décharge électrique lorsque vous touchez une poignée de porte en métal. Supposons que vous frottez un tapis en coton avec vos chaussures et qu'ensuite, vous touchez la poignée métallique de la porte d'entrée.

   a) Que se passe-t-il si vous portez des bottes de caoutchouc ?

   ____

   ____

   ____

   b) Que se passe-t-il si vous portez des pantoufles de laine ?

   ____

   ____

   ____

   c) Que se passe-t-il si vous faites la même expérience sans chaussures, avec des chaussettes de coton ?

   ____

   ____

   ____

7. On frotte un vêtement de soie contre un vêtement de laine. On fait la même chose avec un vêtement de nylon et un vêtement de coton.

   a) Que se passe-t-il si on rapproche le vêtement de soie du vêtement de coton ? Pourquoi ?

   ____

   ____

   ____

   b) Que se passe-t-il si on rapproche le vêtement de laine du vêtement de coton ? Pourquoi ?

   ____

   ____

   ____

test

1. Supposons que deux fourchettes possèdent des charges électriques semblables mais de signes contraires.

   a) Que se passe-t-il si on rapproche ces deux fourchettes sans qu'elles entrent en contact ? Pourquoi ?

   ____

   ____

   b) Que se passe-t-il quand les deux fourchettes se touchent ?

   ____

   ____

   c) Le résultat aurait-il été différent si les deux objets avaient été en laine, une matière isolante ?

   ____

   ____

2. On met en contact deux sphères métalliques identiques chargées négativement. La première sphère possède un surplus de 25 électrons, tandis que la deuxième possède un surplus de 13 électrons. Quelle sera la charge de chacune des sphères après quelque temps ?

3. L'un des objectifs des assouplissants textiles en feuilles est de diminuer l'électricité statique entre les vêtements qui culbutent dans la sécheuse.

   a) Que se passe-t-il lorsque l'on fait sécher simultanément dans la sécheuse des chaussettes en laine et des chaussettes en coton ?

   ____

   ____

   b) Pourquoi n'est-il pas absolument nécessaire d'utiliser un assouplissant textile en feuilles lorsque l'on fait sécher ensemble des t-shirts en coton et des chaussettes en coton ?

   ____

»»»»»»»»»»»»»»»»» exercice 10

Circuits électriques

1. Qui suis-je ?

   a) Je représente une catégorie de composante électrique dont les éléments consomment l'énergie fournie par le courant électrique. ____________________

   b) Je suis un composant d'un circuit électrique qui permet de maintenir ou non une ampoule allumée. ____________________

   c) Je suis un composant d'un circuit qui permet de faire tourner l'hélice d'un ventilateur.

   ____

   d) Je suis un récepteur électrique qui permet à une veilleuse de remplir son rôle.

   ____

   e) Je suis un composant électrique qui nourrit le circuit électronique qui permet à un iPod de fonctionner. ____________________

   f) Dans un grille-pain, je suis un composant électrique qui diminue l'intensité du courant qui y passe, ce qui le fait virer au rouge.

   ____

   g) Dans un circuit électronique, j'empêche le courant électrique de surchauffer certaines pièces importantes. ____________________

2. Dans un circuit conventionnel, le courant conventionnel circule de la borne positive à la borne négative d'une pile. En d'autres mots, les protons quittent la borne positive d'une pile, traverse certains éléments d'un circuit pour finalement atteindre la borne négative de la pile. Cet énoncé traduit-il la réalité ? Expliquer.

   ____

   ____

   ____

3. Dessiner un circuit comprenant une pile reliée à un moteur et à une ampoule qui sont en parallèle.

exercice 10 «««««««««««««««

Circuits électriques

4. Déterminer si les récepteurs de ces circuits électriques sont en série ou en parallèle.

Circuit électrique	Les récepteurs du circuit sont en …
a) 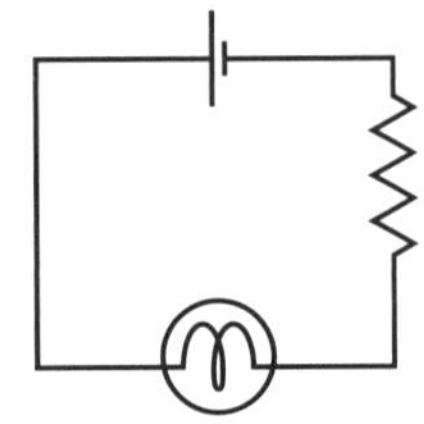	
b) 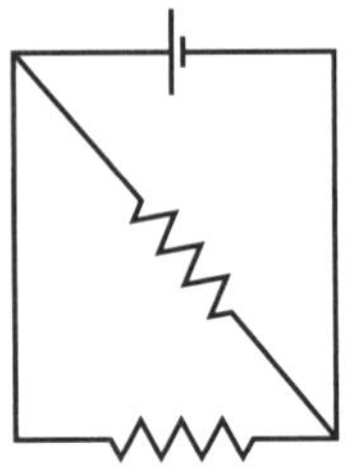	
c) 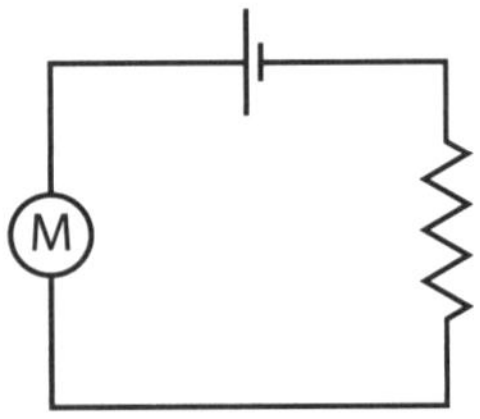	
d) 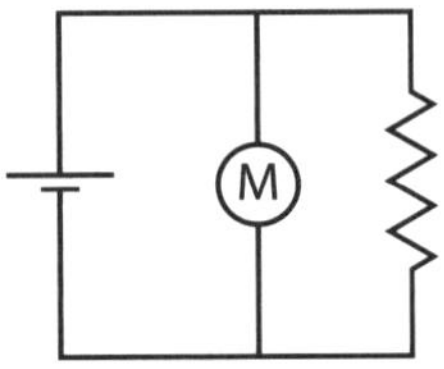	
e) 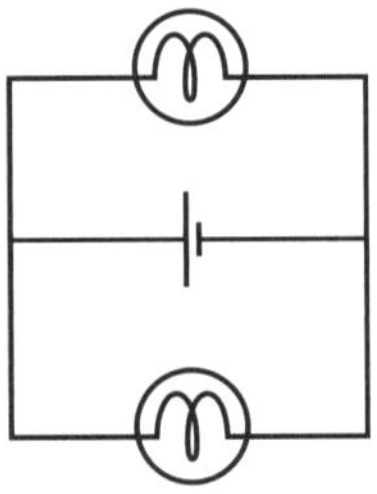	
f) 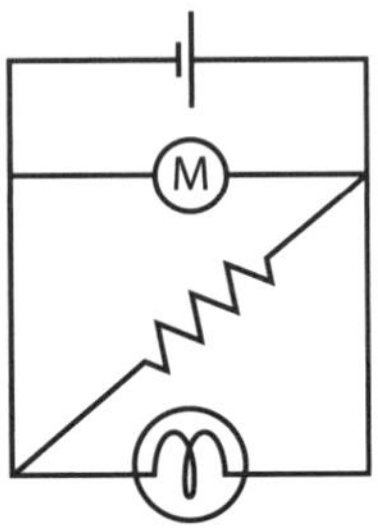	

5. Compléter le tableau ci-dessous se rapportant au circuit électrique suivant.

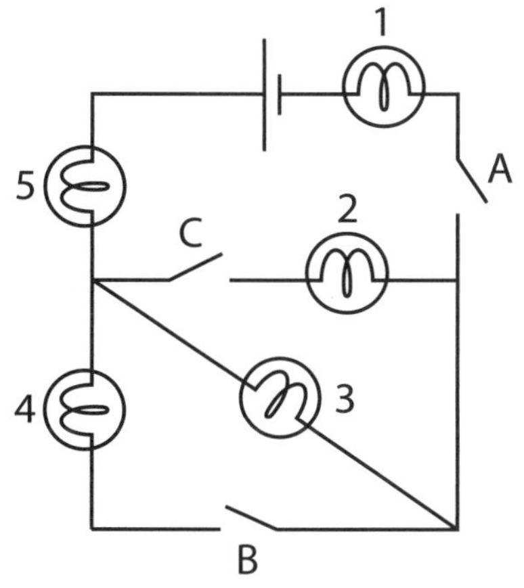

Cas	Interrupteur(s) fermé(s)	Interrupteur(s) ouvert(s)	Ampoule(s) allumée(s)
a)	aucun	A, B, C	
b)	A	B, C	
c)	B	A, C	
d)	C	A, B	
e)	A, B	C	
f)	A, C	B	
g)	B, C	A	
h)	A, B, C	aucun	

6. Si le courant électrique peut circuler de la borne positive à la borne négative d'une pile sans passer par aucun récepteur de courant, il se produit un court-circuit dans un circuit électrique. Dans le circuit ci-dessous, déterminer la condition qui doit être respectée pour éviter un court-circuit.

___

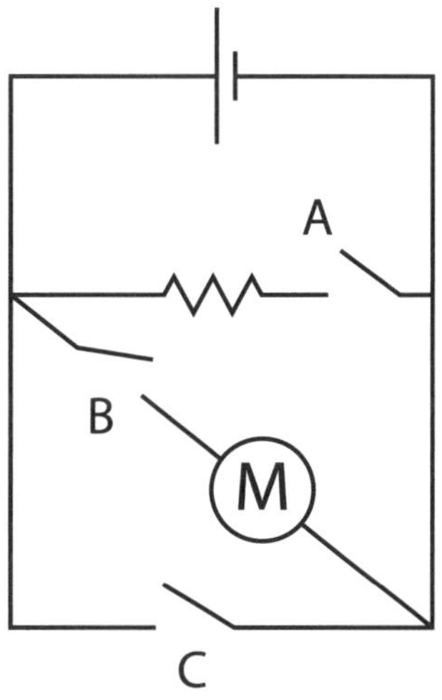

test

1. Actuellement, de nombreuses décorations gonflables d'Halloween fonctionnent grâce à une pompe qui pousse de l'air et donne un personnage amusant. Ces décorations sont également munies d'une ampoule qui éclaire le personnage lorsqu'il fait nuit.

   a) Tracer deux schémas pouvant représenter ce circuit. Dans le premier schéma, placer les récepteurs en série ; dans le deuxième, placer les récepteurs en parallèle.

i)	ii)

   b) Supposons que l'ampoule ne fonctionne plus (le courant ne passe plus). Dans ce cas, quel est l'avantage du circuit en parallèle ?

   ____

   ____

   ____

   ____

   ____

   c) L'entreprise fabriquant cette décoration désire ajouter un élément au circuit électrique, soit un détecteur de lumière qui boucle le circuit de l'ampoule seulement lorsqu'il fait sombre.

      i) De quel type de composant électrique s'agit-il ? ______________________

      ii) Dessiner le circuit en parallèle en ajoutant le nouveau composant électrique.

1. Un circuit électrique est composé d'une pile, d'une résistance et d'un moteur connectés en série. Vous désirez mesurer la tension aux bornes de la pile et de la résistance, ainsi que l'intensité du courant circulant dans le moteur. Construire le circuit électrique décrit précédemment, y compris les appareils de mesure nécessaires.

2. Supposons que nous avons le circuit suivant :

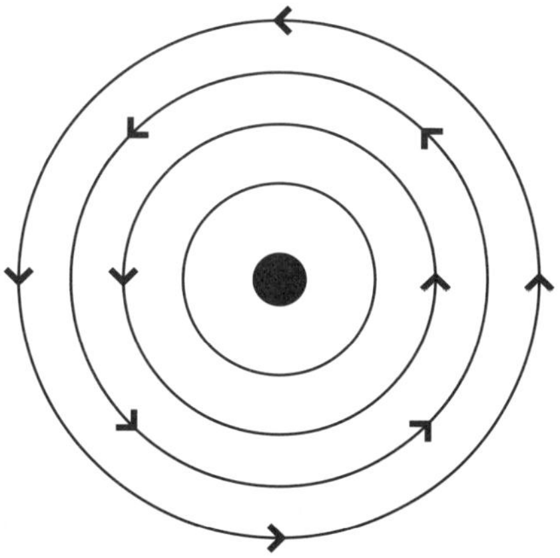

Lequel (lesquels) des ampèremètres ci-dessus peut (peuvent) servir à mesurer l'intensité du courant électrique passant par :

a) la pile ? ______________________

b) le moteur ? ______________________

c) l'ampoule ? ______________________

d) la résistance ? ______________________

3. Dans un circuit électrique, un ampèremètre indique une intensité de courant de 0,45 A dans une résistance de 50 ohms. Déterminer la mesure de la tension électrique aux bornes de la résistance.

exercice 11

Loi d'Ohm

4. Considérons ici que tous les récepteurs d'une calculatrice ne forment qu'une seule résistance de 1,8 Ω. Si la tension aux bornes de cette résistance est égale à 6 volts, quelle est la mesure de l'intensité du courant circulant dans cette résistance ?

5. À l'aide d'un voltmètre, on mesure une tension électrique de 240 volts aux bornes des éléments d'un chauffe-eau. Si l'intensité du courant électrique circulant dans le chauffe-eau est de 18,75 ampères, quelle est la capacité de la résistance de ce chauffe-eau ?

6. Dans le circuit électrique suivant, déterminer si chacun des voltmètres est bien placé. Si oui, aux bornes de quel(s) récepteur(s) le voltmètre mesure-t-il la tension ?

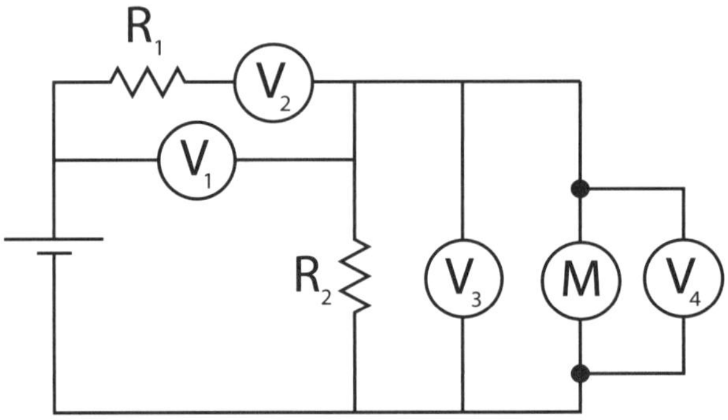

a) le voltmètre 1 : ____________________

b) le voltmètre 2 : ____________________

c) le voltmètre 3 : ____________________

d) le voltmètre 4 : ____________________

7. Dans un circuit en série comprenant une pile et deux résistances, l'intensité du courant électrique circulant dans les deux résistances est la même. Que pouvez-vous conclure sur la tension électrique aux bornes de ces résistances si la résistance d'une résistance est égale au triple de celle de l'autre ?

8. Dans un circuit électrique comprenant une pile, un moteur et une ampoule en série, la tension électrique aux bornes de la pile est égale à la somme des tensions électriques aux bornes du moteur et de l'ampoule.

   a) Si la tension fournie par la pile est de 4,5 volts et que la tension aux bornes du moteur est la même que celle aux bornes de l'ampoule, déterminer quelle est la tension aux bornes de chaque récepteur.

   b) Quelle est l'intensité de courant circulant dans l'ampoule si elle offre une résistance de 39,5 Ω?

   c) Quelle résistance est offerte par le moteur?

9. Supposons que vous avons le circuit électrique suivant.

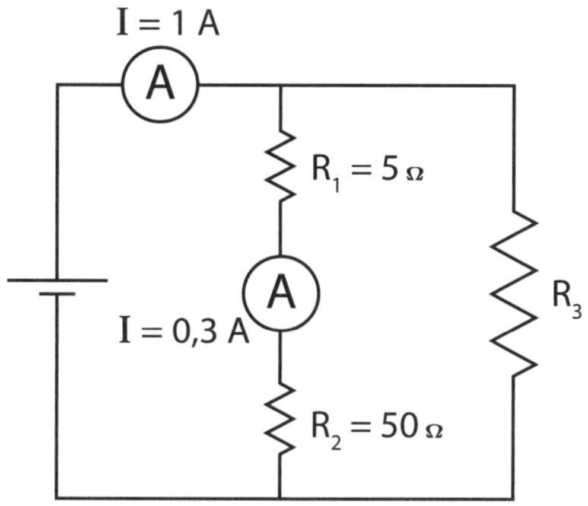

   a) L'intensité du courant circulant dans la résistance R_1 est-elle la même que celle dans la résistance R_2? Pourquoi?

   b) Déterminer la tension électrique aux bornes de chacune des résistances R_1 et R_2.

   c) Si la tension à la pile est de 16,5 volts et que l'intensité du courant circulant dans la résistance R_3 est de 0,7 A, déterminer la valeur de la résistance de R_3.

test

1. L'intensité du courant électrique présent dans tous les composants de ce circuit est de 0,4 A.

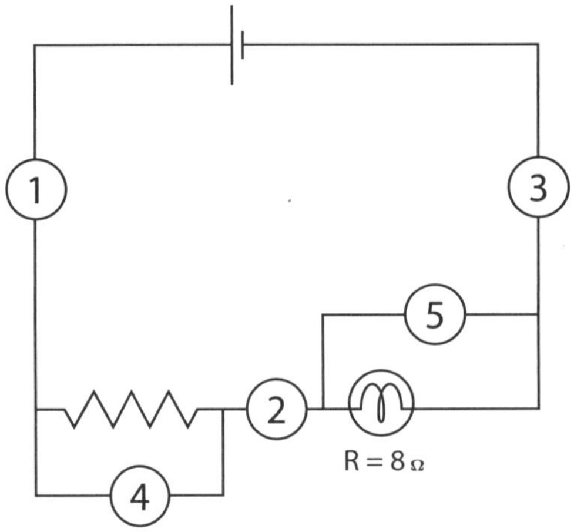

a) Déterminer l'(les) emplacement(s) possible(s) pour un voltmètre si l'on désire mesurer la tension électrique aux bornes de la résistance. ________________

b) Déterminer l'(les) emplacement(s) possible(s) pour un ampèremètre si l'on désire mesurer l'intensité du courant électrique circulant dans la résistance. __________________

c) Tout en sachant que la tension électrique aux bornes de la résistance est de 0,8 volt, déterminer la valeur de la résistance.

d) Déterminer la tension électrique aux bornes de l'ampoule.

2. Une ampoule de 60 watts branchée à une prise électrique de 120 volts laisse circuler un courant de 0,5 ampère. Calculer la résistance électrique de l'ampoule.

3. Dans un circuit électrique, deux résistances de 8 Ω et de 6 Ω sont en parallèle avec une pile de 1,5 volt. Déterminer l'intensité du courant électrique circulant dans la résistance de 8 Ω.

»»»»»»»»»»»»»»»» exercice 12

Puissance et énergie électrique

1. Avant de partir pour Toronto, Charles décide de laisser une lampe de son salon allumée. L'ampoule de cette lampe consomme 40 watts.

   a) Quelle énergie est consommée par cette ampoule si elle est allumée pendant toute une semaine ? Donner votre réponse en joules.

   b) Quel est le coût de cette consommation d'énergie si 1 kWh d'énergie coûte 0,064 $?

2. Un chauffe-eau consomme 4500 watts. Sachant qu'il est branché sur une prise murale fournissant 240 volts, déterminer l'intensité du courant électrique circulant dans ce chauffe-eau.

3. Quand il fonctionne à plein régime (4 piles), un chargeur de piles laisse circuler un courant de 8 ampères lorsqu'il est branché sur une prise murale de 120 volts.

   a) Sachant qu'il a fallu 16 heures pour recharger quatre piles, quelle quantité d'énergie (en joules) a été consommée pour ce rechargement ?

   b) À quelle puissance le chargeur fonctionne-t-il ?

   c) Quel est le coût de l'électricité nécessaire pour recharger ces piles, sachant qu'un kWh d'électricité coûte 0,064 $?

exercice 12

Puissance et énergie électrique

4. Une bouilloire électrique fournit 500 watts de puissance lorsqu'elle est branchée sur une prise murale de 120 volts.

   a) Déterminer l'intensité du courant circulant dans la bouilloire.

   b) Déterminer le temps de fonctionnement (en minutes) de la bouilloire sachant qu'elle a consommé 0,025 kWh.

5. On estime à 1 500 000 MW (1 MW = 1000 kW) la puissance que pourront fournir toutes les installations hydroélectriques de la rivière Romaine.

   a) Quelle est la quantité d'énergie quotidienne (en joules et en kWh) que pourront fournir toutes ces installations ?

   b) Combien de maisons chauffées à l'électricité pourront être desservies par ces installations si une telle maison consomme annuellement 30 000 kWh ? (1 année = 365,25 jours)

6. Combien de temps un déshumidificateur de 400 watts fonctionne-t-il s'il consomme :

   a) 0,5 kWh ?

   b) 2000 kilojoules ?

7. Supposons que nous avons le circuit électrique suivant.

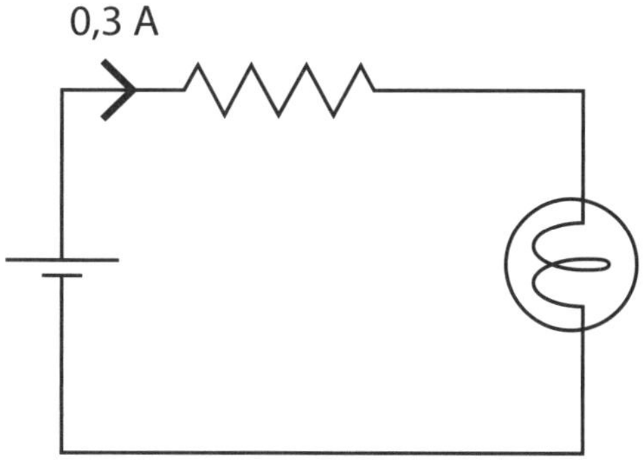

a) Sachant que la tension aux bornes de la résistance est de 8 volts, déterminer la puissance consommée par celle-ci.

b) Sachant que la puissance consommée par l'ampoule est de 3,6 watts, déterminer la tension aux bornes de cette ampoule.

c) Sachant que, dans un circuit en série, la puissance fournie par la pile est égale à la somme des puissances des récepteurs de ce circuit, quelle est la tension aux bornes de la pile?

8. Pendant combien de temps une veilleuse de 15 watts doit-elle fonctionner pour consommer autant d'énergie qu'une ampoule de 100 watts fonctionnant pendant deux heures et demie?

9. Un citoyen ingénieux désire construire une petite centrale éolienne près de sa maison, afin de produire sa propre électricité et d'être autonome. Il juge qu'une puissance de 20 kW sera suffisante pour son éolienne. Sachant qu'une résidence consomme en moyenne 30 000 kWh annuellement (1 année = 365,25 jours), son éolienne fournira-t-elle à la demande? Si non, combien de puissance manquerait-il? Si oui, à combien de résidences supplémentaires pourrait-il fournir son électricité?

test

1. Une sécheuse électrique offrant une puissance de 5400 watts exige une tension électrique de 240 V pour fonctionner.

   a) Quelle est l'intensité du courant électrique circulant dans les composants électriques de cette sécheuse ?

   b) Pour une bonne brassée de linge, environ 50 minutes de séchage sont nécessaires. Quelle quantité d'énergie est nécessaire (joules et kWh) ?

   c) Une famille comprenant un couple et deux enfants fait à peu près 4 lavages et 4 séchages par semaine. À raison de 0,064 $ par kWh, déterminer le coût annuel de l'utilisation de la sécheuse. (1 année = 52 semaines)

2. La puissance d'un ordinateur portable est égale à 30 W. Cette puissance diminue de 95 % en mode veille. Cet ordinateur est utilisé pendant 7,5 heures par jour ; il est en mode veille le reste du temps.

   a) déterminer la quantité hebdomadaire d'énergie consommée (en joules) par l'ordinateur en mode normal et en mode veille.

   b) si le propriétaire de l'ordinateur éteint son ordinateur plutôt que de le mettre en mode veille lorsqu'il ne l'utilise pas, combien d'argent économise-t-il par année si le coût de l'énergie est de 0,064 $ par kWh ? (1 année = 52 semaines)

»»»»»»»»»»»»»»»» exercice 13

1. Déterminer si les substances 1 à 7 sont magnétiques, ferromagnétiques ou non magnétiques. (A = attraction ; AR = attraction ou répulsion ; X = aucun phénomène particulier).

+	1	2	3	4	5	6	7
1		A	X	X	X	X	A
2	A		X	A	X	A	AR
3	X	X		X	X	X	X
4	X	A	X		X	X	A
5	X	X	X	X		X	X
6	X	A	X	X	X		A
7	A	AR	X	A	X	A	

1) ____________________ 2) ____________________

3) ____________________ 4) ____________________

5) ____________________ 6) ____________________

7) ____________________

2. Deux couteaux en métal sont attirés par un aimant. Par contre, il ne se produit aucun phénomène particulier lorsqu'on les approche l'un de l'autre. Les couteaux sont donc conçus avec des matériaux qui sont ____________________.

3. Deux verres en polystyrène ne sont pas attirés par un aimant. Le polystyrène est donc un matériau qui est ____________________.

4. Les métaux sont-ils tous ferromagnétiques ? Si non, donner des exemples.

____

____

exercice 13 «««««««««««««««««

Électromagnétisme

5. Illustrer le champ magnétique de cet aimant droit.

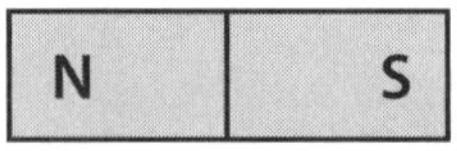

6. Illustrer le champ magnétique de ces aimants ou paires d'aimants.

a) 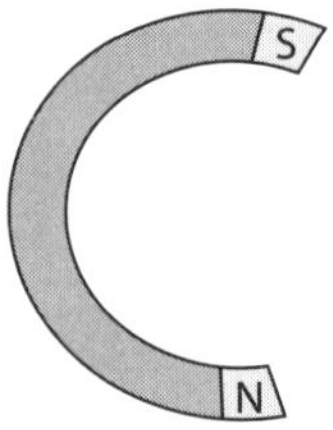

b) 

c) 

7. On place une tige de cobalt près d'un aimant, de telle sorte que le champ magnétique de ce dernier a une influence sur la tige. Illustrer les pôles de cette tige.

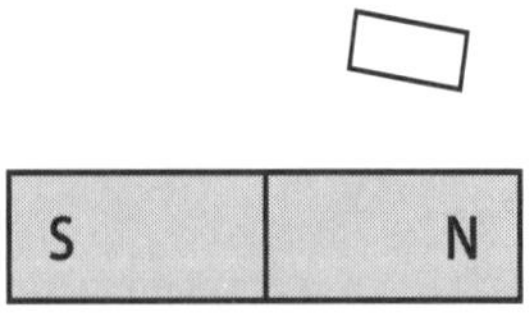

8. Après avoir dessiné le champ magnétique créé par la circulation d'un courant électrique dans ce fil, déterminer quelle sera la position de l'aiguille de la boussole quand elle est située directement au-dessus du fil.

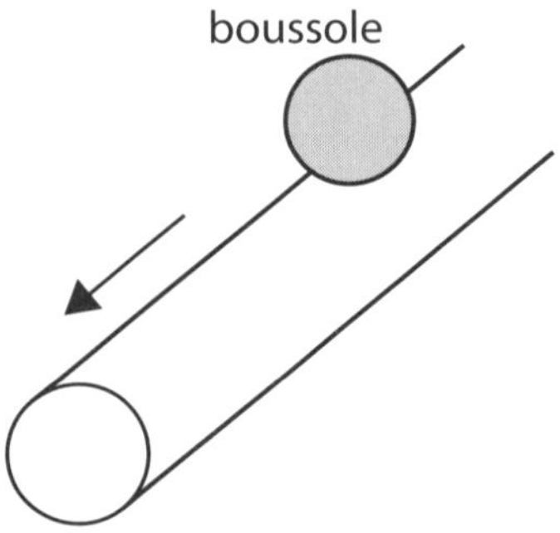

9. Observez cette illustration des lignes du champ magnétique de la Terre. Après avoir déterminé la position du pôle Nord (N) et du pôle Sud (S) magnétiques, ajouter les flèches aux lignes de champ.

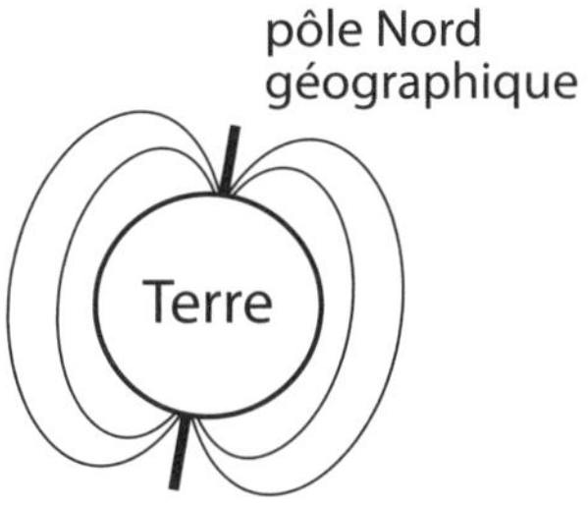

10. Supposons que nous avons le circuit électrique suivant. Déterminer le sens des lignes de champ électrique si votre œil est à la position :

a) 1 : ______________________________ b) 2 : ______________________________

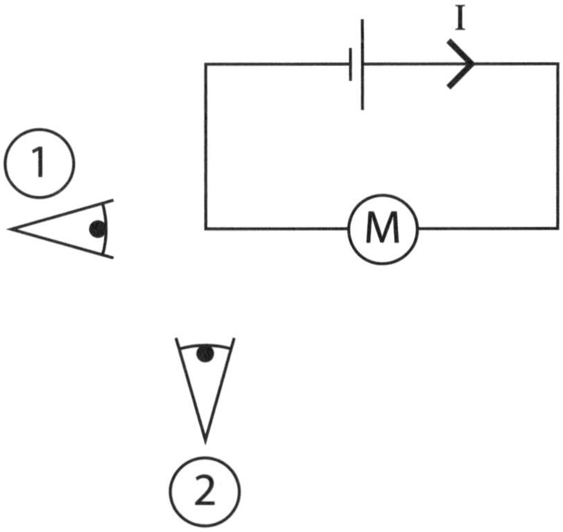

test

1. Pourquoi ne pouvez-vous pas déterminer les pôles magnétiques d'une substance ferromagnétique si celle-ci n'est pas proche d'un aimant?

2. Déterminer le sens de l'aiguille de la boussole aux endroits précisés.

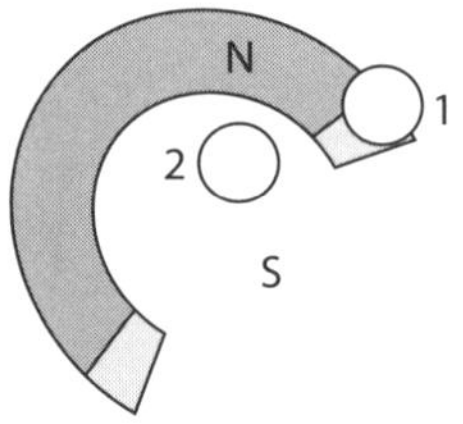

3. Il est dit que les lignes à haute tension produisent des champs magnétiques préjudiciables à la santé humaine. Selon d'autres points de vue, c'est le contraire.

   a) Expliquer pourquoi il s'y produit un champ magnétique.

   b) Autour du fil électrique en coupe ci-dessous, illustrer le champ magnétique sachant que les électrons pénètrent dans la feuille.

   c) Si vous mettez une boussole très près et au-dessus du fil électrique, quelle direction la partie aimantée de la boussole indique-t-elle?

»»»»»»»»»»»»»»»» exercice 14

Transformation de l'énergie

1. Un travail s'effectue-t-il nécessairement sur un objet si une force lui est appliquée ? Expliquer.

____

____

2. Déterminer si oui ou non un travail s'effectue dans chacune des situations suivantes.

   a) J'étire un élastique. _______

   b) Je tente de pousser un piano sur le plancher, mais il ne bouge pas. _______

   c) Je frotte mes mains pour les réchauffer. _______

   d) Je frappe un ballon avec mon pied pour faire une passe à mon coéquipier. _______

   e) Après avoir été frappé, un ballon roule sur une surface très lisse, sans frottement. _______

   f) Un hamac bien attaché devrait bien me soutenir pendant que je fais une sieste dans l'après-midi. _______

3. Le paysage vallonné de la région de Charlevoix offre à l'automobiliste des routes parsemées de nombreuses pentes.

   a) En montant une côte, l'énergie potentielle augmente-t-elle ou diminue-t-elle ? Pourquoi ?

   ____

   ____

   b) En montant une côte (sans appuyer sur l'accélérateur), l'énergie cinétique augmente-t-elle ou diminue-t-elle ? Pourquoi ?

   ____

   ____

   c) En descendant une côte (sans appuyer sur l'accélérateur), l'énergie cinétique devrait augmenter, mais elle diminue. Pourquoi ?

   ____

   ____

exercice 14 «««««««««««««««««

Transformation de l'énergie

4. Une ampoule à incandescence utilise 10 % de l'énergie consommée pour éclairer une pièce. La puissance électrique consommée par cette ampoule est de 60 watts.

   a) Quelle puissance électrique est utile pour assurer la luminosité de l'ampoule ?

   b) Quelle puissance électrique est relâchée sous forme de chaleur ?

5. Les premières machines à vapeur exigeaient beaucoup de combustible pour effectuer somme toute un travail de faible envergure. On estime qu'environ 5% de l'énergie thermique fournie par la combustion du charbon se transformait en énergie mécanique.

   a) Quelle quantité d'énergie mécanique était fournie par une quantité de charbon fournissant une énergie thermique de 5700 kJ ?

   b) Quelle quantité d'énergie thermique doit être fournie pour assurer une énergie mécanique de 5700 kJ ?

6. L'indice d'octane de l'essence est directement proportionnel à son rendement. Supposons que nous avons deux types d'essence qui possèdent des indices d'octane différents. Les deux types d'essence donnent des rendements respectifs de 25,6 % et de 26,4 %.

   a) Si une certaine quantité d'essence produit 150 kJ d'énergie thermique, quelle quantité d'énergie sert à faire avancer le véhicule pour les deux types d'essence ?

   b) Déterminer l'économie d'énergie entre les deux types d'essence.

7. La température initiale d'un bloc de glace (eau sous forme solide) est de -10 °C. La glace fondue devenue eau finit par atteindre une température égale à celle de la pièce, soit 20 °C.

   a) Lorsque l'eau se réchauffe entre -10 °C et 0 °C, qu'arrive-t-il aux particules formant l'eau, énergétiquement parlant ?

   ___

   b) Lorsqu'il y a fonte de la glace, la température de l'eau sous forme solide ou liquide reste longtemps à 0 °C. Expliquer pourquoi.

   ___

   c) Lorsque l'eau se réchauffe entre 0 °C et 20 °C, qu'arrive-t-il aux particules formant l'eau, énergétiquement parlant ?

   ___

   d) Pourquoi la quantité d'énergie cinétique est-elle plus élevée dans l'eau liquide que dans l'eau solide (glace) ?

   ___

8. Dans les situations suivantes, déterminer si le transfert de chaleur s'effectue par conduction, par convection, par rayonnement, ou par une combinaison de ceux-ci.

   a) La chaleur du Soleil atteint la Lune, qui ne possède pas d'atmosphère.

   ___

   b) La chaleur du Soleil atteint la surface de la Terre ; la Terre possède une atmosphère.

   ___

   c) Lorsqu'on fait bouillir de l'eau dans une casserole, la poignée métallique de cette casserole se réchauffe. ___

   d) Il n'est pas nécessaire de remuer la soupe pour qu'elle refroidisse.

   ___

   e) On sent la chaleur d'une bouilloire électrique si on approche les mains.

   ___

test

1. On désire analyser les transformations d'énergie associées à un objet en chute libre verticale. La vitesse initiale de cet objet est nulle. De plus, le sol sur lequel tombera l'objet est considéré comme la hauteur h = 0 m.

   a) Quel(s) type(s) d'énergie mécanique est (sont) en jeu lors de la situation initiale?

   ____

   b) Considérant que la résistance de l'air est négligeable, qu'arrive-t-il à l'énergie mécanique, l'énergie cinétique et l'énergie potentielle:

      i) entre le début et la moitié de la chute?

      ____

      ii) entre la moitié et la fin de la chute?

      ____

   c) L'énergie est-elle conservée s'il y a résistance de l'air? Qu'en est-il de l'énergie mécanique?

   ____

   ____

2. Si je dépense 125 kJ pour effectuer un travail de 100 kJ, quel est (%) mon rendement énergétique?

3. Lorsque je fais rôtir une guimauve à l'aide d'une tige métallique au-dessus d'un feu, la chaleur est transmise à ma main par a) ____________________. La température de la tige b) ____________________, car les particules formant celle-ci sont plus c) ____________________. De plus, je perçois la chaleur du feu par d) ____________________, car elle transmise dans un milieu en phase e) ____________________. Enfin, nous nous sommes baignés plus tôt dans la journée, car la chaleur du soleil nous est parvenue surtout par f) ____________________, mais aussi par g) ____________________.

»»»»»»»»»»»»»»»» exercice 15

Cycles biogéochimiques

1. Nommer deux éléments chimiques mis naturellement en cause dans des cycles biogéochimiques.

____

2. Quels sont les deux types de cycles associés au carbone ?

____

3. Le cycle ______________________ du carbone peut s'étendre sur des millions d'années, tandis que le cycle ______________________ du carbone peut s'étendre sur un siècle au maximum.

4. Dans le tableau suivant figurent certains ions et molécules chimiques associés au carbone. Compléter le tableau.

	Molécule ou ion	Formule chimique
a)		CO_2
b)	Carbonate de calcium	
c)	Ion carbonate	
d)	Ion bicarbonate	
e)		H_2CO_3

5. Une grande usine de papier journal émet beaucoup de gaz carbonique dans l'air. Lorsque les vents soufflent d'est en ouest, les émanations de l'usine sont déplacées vers l'ouest, directement au-dessus de l'océan Pacifique. Qu'arrive-t-il au gaz carbonique situé au-dessus de l'océan ?

____

____

6. Les produits de la photosynthèse sont le glucose ($C_6H_{12}O_6$) et le dioxygène (O_2). D'où provient l'atome de carbone présent dans la molécule chimique du glucose ?

____

____

7. La combustion de la matière organique émet du carbone sous forme de ____________________ dans l'atmosphère. Ce gaz est responsable de l'effet de serre sur la Terre.

8. Le carbonate de calcium qui est dissous dans l'eau peut précipiter et sédimenter au fond de l'eau. Après plusieurs millions d'années, cette sédimentation pourra faire augmenter la pression sous la masse de sédiments. Le même phénomène s'applique aux cadavres d'animaux et aux déchets organiques.

   a) Qu'arrive-t-il au carbonate de calcium enfoui sous des tonnes de ce même carbonate de calcium?

   ____

   ____

   b) Qu'arrive-t-il aux sédiments organiques enfouis sous des tonnes de sédiments organiques?

   ____

   ____

9. Nommer deux sources de carbonate de calcium dans l'eau de mer?

   ____

   ____

10. Toute combustion entraîne un rejet important de gaz carbonique dans l'atmosphère. Quel type de centrale électrique entraîne le rejet d'énormes quantités de gaz carbonique dans l'atmosphère?

   ____

11. Nommer les deux sources de formation de nitrates dans le sol.

   ____

   ____

12. Quels sont les deux composés chimiques de l'atmosphère responsables de la formation d'ions nitrates ?

Composé	Formule chimique
a)	
b)	

13. Quels sont les composés intermédiaires produits dans la formation de nitrates à partir de l'ammoniac ?

Composé	Formule chimique
a)	
b)	

14. Pour augmenter la capacité d'un sol, l'être humain l'enrichit en y épandant des engrais contenant des ions nitrates.

a) Pourquoi cette opération d'épandage ne doit-elle pas être effectuée si l'on annonce quelques journées consécutives de pluie ?

____

____

____

b) Qu'arrive-t-il si l'agriculteur, dans le but de s'assurer que chaque plant de son champ soit bien portant, épand trop d'engrais ?

____

____

15. De l'ammoniac enfoui sous terre est présent dans un milieu anaérobique (sans air). Pourquoi, dans ces conditions, l'ammoniac ne peut-il pas se transformer en ions nitrates ?

____

____

exercice 15 «««««««««««««««««

Cycles biogéochimiques

16. Est-ce une bonne idée d'épandre de l'engrais en fins granules solides sur la pelouse si les météorologues n'annoncent pas de pluie dans les prochains jours ? L'engrais est formé de sels de nitrate.

17. Nommer deux phénomènes qui peuvent occasionner l'apparition de roches calcaires sur la terre ferme.

18. Dans un écosystème, quel est le rôle des décomposeurs dans le cycle biogéochimique :

a) de l'azote ?

b) du carbone ?

test

1. Le magma peut être composé de roche calcaire en fusion. Qu'arrive-t-il au carbone dans une telle situation ?

____

2. Les engrais peuvent être composés de sels à base de nitrates sous forme de granules. Pourquoi faut-il arroser une pelouse sur laquelle on vient d'épandre un tel engrais ?

____

3. En quoi un lac pauvre en ions bicarbonates est-il nuisible au développement d'une tortue ?

____

4. En ce qui concerne un écosystème, nommer trois façons dont un organisme consommateur de premier ordre contribue directement ou indirectement à la production de gaz carbonique dans l'atmosphère.

____

5. Lorsqu'il est vivant, un organisme producteur émet du gaz carbonique par le phénomène de la

__________________, tandis qu'il consomme du gaz carbonique via la __________________.

6. En ce qui concerne un écosystème, décrire les deux façons naturelles dont se produit de l'ammoniac.

____

____

7. Quelle est l'utilité des ions bicarbonates pour un homard ?

____

8. Qui est responsable du retour à l'état gazeux (diazote) des nitrates ?

____

exercice 16

Régions climatiques (biomes)

1. Qu'est-ce qui caractérise principalement un biome?

2. Quelle est la différence fondamentale entre un cours d'eau et une étendue d'eau?

3. Quels sont les deux types de biomes aquatiques et qu'est-ce qui les distingue l'un de l'autre?

4. Plusieurs facteurs influencent la distribution des biomes sur la Terre.

   a) Nommer les trois facteurs se rapportant directement à des phénomènes météorologiques.

   b) Quelle est la différence entre la latitude et l'altitude?

   c) Qu'est-ce que la salinité de l'eau?

   d) Dans le Nord québécois, la durée du jour est très longue en été et très courte en hiver. À quel facteur fait-on ici allusion?

5. Nommer les quatre biomes terrestres qui ne sont pas dominés par les grands arbres.

____

____

6. Classer les forêts tropicales par ordre croissant de précipitations reçues.

____

7. Des essences arboricoles comme l'épinette et le sapin se retrouvent surtout dans la forêt

____________________.

8. Associer les énoncés suivants à un biome aquatique.

a) Je suis un cours d'eau de petite taille et la rapidité de mon courant empêche les sédiments et les nutriments de se déposer sur mon fond. ____________________

b) Je représente la portion d'un fleuve précédant son arrivée dans la mer. ____________________

c) Je suis un biome submergé par une énorme quantité d'eau qui augmente la pression que l'eau fait subir à la faune y résidant. ____________________

d) Je représente un vaste espace d'eau saline libre. ____________________

e) Je suis une étendue d'eau de grande taille, souvent occupée par les huards. ____________________

f) Je suis un biome aquatique particulièrement touché par le phénomène des marées.

____

9. Nommer deux biomes terrestres où les précipitations de neige sont assez présentes.

____

10. Quelle est la principale différence entre un marais et un marécage ?

____

____

exercice 16 «««««««««««««««

Régions climatiques (biomes)

11. Malgré des précipitations peu abondantes, la toundra est un biome terrestre où il y a passablement de neige en hiver. Expliquer pourquoi.

____

____

12. Dans une forêt tropicale, plus la saison sèche dure, moins la végétation y est luxuriante. Comment expliquer ce phénomène ?

____

____

13. Que veut-on dire lorsqu'on dit qu'une végétation est éparse ? Nommer deux synonymes de cet adjectif.

____

____

14. Comme vous vous en doutez, la forêt méditerranéenne entoure la mer Méditerranée (entre autres). Sachant cela, nommez trois continents où ce biome est présent. ____________________

15. Associer les énoncés suivants à un biome terrestre.

a) Je suis un biome où il pleut beaucoup six mois par an et où le soleil brille pendant les six autres mois de l'année. ____________________

b) Dans ce biome, mes branches garnies d'épines sont bien adaptées pour laisser tomber au sol les grandes quantités de neige. ____________________

c) Je suis un biome où il peut faire 50 °C pendant le jour et 0 °C pendant la nuit. ______________

d) Je suis un biome pouvant être présent en haute altitude, là où les caribous se nourrissent de lichen. ____________________

e) Dans ce biome, la végétation est tellement fournie qu'il y énormément de plantes épiphytes, c'est-à-dire de plantes qui poussent sur des arbres. ____________________

f) Je suis un biome où l'on peut voir des gazelles se repaître dans d'immenses pâturages.

____

16. Nommer quatre biomes terrestres où de la neige peut être présente au sol.

____

____

17. On dit des albatros que ce sont des oiseaux pélagiques. Où habitent-ils? ____________________

18. Parmi les facteurs qui influencent la distribution des biomes sur la terre, nommer les quatre qui sont directement associés à l'eau.

____

____

19. Nommer une expression synonyme de « biome ».

____

20. Le Titanic a coulé dans une zone de l'océan Atlantique où la profondeur était très grande, d'où la difficulté pour aller explorer son épave. Le Titanic a coulé dans un biome appelé

____________________.

test

1. Plusieurs facteurs déterminent la distribution des biomes sur la Terre. Quel facteur est concerné par chacun des énoncés suivants.

   a) Pendant l'été, l'ensoleillement constant donne une chance à la végétation de prendre sa place dans la toundra. ____________________

   b) Les grandes pluies de la longue saison humide permettent à certaines forêts tropicales de se doter d'une végétation luxuriante. ____________________

   c) L'eau contenue dans le sol d'une tourbière est très acide, ce qui y limite la croissance de la végétation. ____________________

   d) Les biomes terrestres situés près de la ligne de l'équateur sont tous des forêts tropicales. ____________________

2. Quelle est la ressemblance entre tous les types de forêts tropicales sur le plan du climat?

   ____

3. En comparant la savane et la prairie tempérée, déterminer:

   a) dans lequel de ces biomes il ne tombe pas de neige.

   ____

   b) leur principale différence sur le plan de la climatologie.

   ____

   c) leur principale différence sur le plan de la végétation.

   ____

4. Nommer les cinq biomes aquatiques dulcicoles où l'eau est plutôt stagnante.

   ____

5. Les bécasseaux aiment beaucoup explorer ce biome aquatique marin, car les marées y charrient une abondance de nourriture. Qui suis-je?

   ____

1. Au Yukon, au début du 20e siècle, la roche était très riche en or, si bien qu'on a pu l'exploiter même si les méthodes d'extraction étaient rudimentaires. Comment peut-on appeler cette roche?

____

2. D'après les caractéristiques énoncées ci-dessous, déterminer si on parle d'une roche (R) ou d'un minéral (M).

   a) Je suis une substance pure. _____

   b) La bauxite est une substance composée d'un mélange d'oxydes d'aluminium et d'oxydes de fer. _____

   c) À cause de sa couleur blanc grisâtre uniforme, le quartz a été considéré comme une pierre précieuse par certains explorateurs français. _____

   d) Dans un sentier du parc de la Gaspésie, un immense rocher est de couleur uniformément grise, exception faite de quelques veines de quartz qui y tracent des sillons blanchâtres. _____

   e) Un diamant est formé de carbone, tout comme la mine d'un crayon de plomb. _____

3. Déterminer le type de ressource minérale dont il est question.

   a) Les Égyptiens ont dû trimer dur pour rassembler les pierres ayant servi à la construction de pyramides. ______________________

   b) Pour que sa bouteille de ketchup soit moins cassante, la compagnie Heinz a décidé d'utiliser un matériau moins fragile : le plastique.

   ____

   c) Pour bien faire tenir la brique, le maçon utilise du ciment.

   ____

   d) Pour alléger le poids d'un vélo, on utilise de plus en plus régulièrement des matériaux composites. ______________________

   e) Le forage du sous-sol québécois permettra d'exploiter les gaz de schiste s'apparentant au gaz naturel. ______________________

   f) Le cuivre a été largement exploité dans la terre de la région de Rouyn-Noranda.

   ____

exercice 17 «««««««««««««««««

Lithosphère

4. Décrire la composition générale d'un sol.

____

____

5. Déterminer tous les types d'horizons qui :

a) contiennent des minéraux.

____

b) ne contiennent pas de minéraux.

____

6. Déterminer l'horizon :

a) situé le moins profondément dans le sol. ____________________

b) situé le plus profondément dans le sol. ____________________

7. Déterminer de quel(s) type(s) d'horizon(s) il s'agit.

a) Je suis l'horizon abritant des débris de feuilles mortes méconnaissables parce qu'ils sont enfouis depuis une bonne dizaine d'années. ____________________

b) Je suis l'horizon le plus hétérogène du sol. ____________________

c) Je suis l'horizon situé directement au-dessus de la roche-mère non altérée.

____

d) Je suis l'horizon où se trouvent les feuilles mortes tombées l'année dernière.

____

e) Je suis l'horizon qui subit le plus de pression en raison du poids des couches supérieures.

____

f) Nous sommes les deux horizons où se trouve de l'engrais naturel. ____________________

8. Qu'arrive-t-il à l'eau présente dans le pergélisol ? Pourquoi ?

____

____

9. Si le pergélisol couvre 50 % d'un territoire, on dit du pergélisol qu'il est ____________________.

10. Comment se nomme la couche de sol où se développent les racines des arbustes nains poussant dans la toundra ? ____________________

11. Dans le nord de la forêt boréale, une couche de sol est gelée pendant toute l'année sauf pendant quelques semaines au mois de juillet et au mois d'août. S'agit-il d'un pergélisol ? Pourquoi ?

____

____

12. Sur le sommet de certaines montagnes, le pergélisol couvre moins de 10 % du territoire. On dit alors du pergélisol qu'il est ____________________.

13. Comment qualifie-t-on un pergélisol qui couvre 100 % d'un territoire ?

____

14. Les combustibles fossiles, les combustibles nucléaires et la géothermie sont les trois principaux types de ressources énergétiques reliées à la lithosphère. Dans les énoncés suivants, indiquer de quel type de ressource énergétique il s'agit.

a) Dans les Rocheuses canadiennes, la présence d'une couche de sol très chaude permet de réchauffer l'eau d'une piscine.

____

b) Lorsque je fais de longs voyages, je mets de l'essence à indice d'octane élevé dans ma voiture.

____

c) En plein été, même s'il fait 30 °C, la température du sous-sol est à peine supérieure à 0 °C, si bien qu'il est facile d'utiliser cette température pour climatiser les édifices professionnels.

____

d) Un projet d'extraction d'uranium a été bloqué dans la région de la Basse-Côte-Nord.

____

e) Parce que le kérosène est un combustible ayant un rendement énergétique très élevé, il est utilisé dans les avions.

____

f) En 1945, les États-Unis larguent une bombe extrêmement puissante sur la ville japonaise de Hiroshima.

____

15. Si la température d'un sol n'est pas de 0 °C, mais bien de -5 °C, est-ce un pergélisol ? Pourquoi ?

____

____

test

1. Quelles sont les différences entre les roches et les minéraux sur le plan de leur structure et de leur coloration ?

____

2. Le charbon est encore largement utilisé dans les pays en voie de développement. Sa combustion permet de produire de la vapeur d'eau qui fait tourner les turbines productrices d'électricité.

   À quel type de ressource minérale le charbon appartient-il ? ____________________

3. Quelle est la caractéristique commune des horizons humifères et minéraux ?

____

4. Déterminer les trois types d'horizons où la matière organique est totalement absente.

____

5. Lors de fortes pluies, qu'arrive-t-il aux minéraux présents dans l'horizon A ?

____

6. La végétation peut-elle pousser dans un sol au-dessus duquel repose du pergélisol ? Expliquer.

____

7. Nommer les deux types de combustibles qu'on peut retrouver dans la lithosphère.

____

8. En quoi une maison équipée d'un système de chauffage de type géothermique peut-elle économiser sur les frais de chauffage pendant l'hiver ?

____

exercice 18 «««««««««««««««««

Hydrosphère

1. Comment définir le bassin de la rivière Jacques-Cartier?

2. Nommer les trois océans dans lesquels se déversent les fleuves du Canada.

3. La rivière Chaudière se jette dans le fleuve Saint-Laurent. À quel grand bassin versant canadien appartient la rivière Chaudière? ____________________

4. Donner la différence existant entre le bassin versant du lac Saint-Jean et le réseau hydrographique du lac Saint-Jean.

5. Quelle est la différence fondamentale entre un courant marin de surface et un courant marin thermohalin?

6. La rotation de la Terre produit ce qu'on appelle l'effet de Coriolis sur les eaux océaniques. Ceci se traduit par de grands mouvements circulaires dans le sens des aiguilles d'une montre ou en sens contraire.

   a) Déterminer le sens de rotation des eaux dans l'océan Pacifique Nord.

   ____

   b) Déterminer le sens de rotation des eaux dans l'océan Atlantique Sud.

   ____

7. Qu'arrive-t-il aux eaux océaniques lorsque :

   a) les eaux sont plus chaudes en surface qu'en profondeur ? Pourquoi ?

   ____

   ____

   b) les eaux sont plus froides en surface qu'en profondeur ? Pourquoi ?

   ____

   ____

8. Qu'arrive-t-il aux eaux océaniques lorsque :

   a) les eaux sont plus salées en surface qu'en profondeur ? Pourquoi ?

   ____

   ____

   b) les eaux sont plus douces en surface qu'en profondeur ? Pourquoi ?

   ____

   ____

9. Nommer deux phénomènes qui ont tendance à faire varier la salinité de l'eau de mer, particulièrement en surface.

   ____

   ____

exercice 18

Hydrosphère

10. Vous désirez produire de l'eau de mer pour remplir un immense aquarium de 10 m^3 à 85 %.

    a) Quel volume d'eau de mer (en litres) contiendra cet aquarium ?

    b) Quelle masse minimale de sel (en kilogrammes) sera nécessaire pour cet aquarium ?

11. On estime le volume d'eau contenu dans la mer Morte à 147 km^3. Quelle masse de sel en tonnes métriques (1 tonne métrique = 1000 kg) est contenue dans cette mer, sachant que sa concentration y est de 275 g/L ?

12. L'évaporation de l'eau de surface augmente la salinité d'une mer intérieure. En tenant compte de ce seul facteur, comparer la salinité de la mer Méditerranée située dans un climat plus chaud à celle de la mer Noire située dans un climat un peu plus frais.

____

____

____

13. Quelle est la relation entre la salinité de l'eau de mer et sa masse volumique ?

____

____

14. Lorsque la température d'une eau salée augmente de 5 à 20 °C, la masse volumique de cette eau diminue de 1,026 à 1,023 g/ml à cause de la dilatation thermique.

   a) Est-ce la variation de masse ou de volume qui explique la variation de masse volumique ? Expliquer.

   ___

   ___

   ___

   b) Qu'arrive-t-il à la masse et au volume de 1000 litres de cette eau si on augmente sa température de 5 à 20 °C ?

   ___

   ___

   ___

15. Quelle est la différence fondamentale entre une glace continentale et une glace océanique ?

___

___

16. Pour tirer le maximum d'un cours d'eau afin de produire de l'énergie hydrolienne, mettriez-vous les turbines près du rivage où l'eau est plus stagnante ? Pourquoi ?

___

___

17. Quelle est la différence fondamentale entre un iceberg et une banquise ?

___

___

18. De la glace continentale pourrait-elle se former dans des zones près de la ligne de l'équateur ? Expliquer.

___

___

test

1. Qu'est-ce que l'énergie marémotrice ? Quelle condition essentielle doit prévaloir pour que cette énergie puisse être utilisée ?

2. L'ours polaire utilise les banquises pour avoir facilement accès à des plans d'eau libres de glace afin de chasser le phoque. En quoi le réchauffement climatique de la Terre pourrait-il modifier cette réalité ?

3. Les glaces marines sont formées d'eau pure. Qu'arrive-t-il aux eaux océaniques environnantes lors de la fonte de ces glaces ?

4. Lorsque l'automne arrive, l'eau d'un lac refroidit tranquillement au point où l'eau de surface devient plus froide que l'eau en profondeur. Qu'arrivera-t-il ensuite ? De quel type de circulation des eaux s'agit-il ?

5. Nommer les deux bassins versants présents au Canada n'étant pas directement associés à des océans.

6. On a voulu représenter en laboratoire deux échantillons de 500 ml d'eau salée océanique. Les concentrations en sel des deux échantillons sont respectivement de 30 g/L et de 37 g/L. Quelle masse de sel supplémentaire est requise dans le premier échantillon pour obtenir la concentration du deuxième échantillon ?

1. L'objectif d'une serre est de conserver le maximum de chaleur qui y a pénétré grâce aux rayons solaires.

   a) Quel matériau de la serre remplit ce rôle de conservation de la chaleur ? ____________________

   b) Ce même phénomène de conservation de la chaleur s'applique sur la Terre. Le « matériau » jouant sur la Terre le rôle de conservation de la chaleur est ____________________.

   c) Comment appelle-t-on ce phénomène ? ____________________

2. Dans quelle phase (solide, liquide ou gazeuse) se trouvent les composés de l'atmosphère responsables de l'effet de serre ? ____________________

3. Nommer les quatre principaux gaz responsables de l'effet de serre.

   ____

   ____

4. S'il y a lieu, déterminer la (les) cause(s) naturelle(s) produisant les gaz à effet de serre suivants :

   a) la vapeur d'eau : ________________________________

   b) le méthane : ________________________________

   c) le gaz carbonique : ________________________________

   d) l'oxyde nitreux : ________________________________

5. S'il y a lieu, déterminer la (les) cause(s) anthropique(s) produisant les gaz à effet de serre suivants :

   a) la vapeur d'eau : ________________________________

   b) le méthane : ________________________________

   c) le gaz carbonique : ________________________________

   d) l'oxyde nitreux : ________________________________

exercice 19 «««««««««««««««

Atmosphère

6. Quelles sont les deux propriétés qui caractérisent une masse d'air ?

____

7. L'arrivée d'un front chaud ou d'un front froid provoque une ascension d'air chaud et humide en altitude, ce qui provoque la formation de ____________________ et d'éventuelles ____________________ sous forme de pluie, de pluie verglaçante, de neige, etc. L'arrivée d'un front ____________________ provoque des précipitations de forte intensité dans un court laps de temps, par exemple des ____________________ ou des ____________________.

8. Lorsqu'un anticyclone se déplace vers une région, la pression atmosphérique a tendance à ____________________, alors que dans le cas d'une dépression, la pression atmosphérique a tendance à ____________________.

9. D'après la latitude des villes suivantes, déterminer la cellule de Ferrel qui les affecte.

   a) Rouyn-Noranda (48° de latitude nord) ____________________

   b) Rio de Janeiro (23° de latitude sud) ____________________

   c) Alert (82° de latitude nord) ____________________

   d) Sydney, en Australie (34° de latitude sud) ____________________

   e) Alger (28° de latitude nord) ____________________

   f) Mexico (23° de latitude nord) ____________________

10. D'après leur latitude, déterminer si les villes suivantes sont davantage touchées par le beau temps ou le mauvais temps (précipitations).

    a) Alert (82° de latitude nord) ____________________

    b) Sydney, en Australie (34° de latitude sud) ____________________

    c) Quito, en Équateur (0°) ____________________

11. Pourquoi est-il avantageux de construire une centrale éolienne, sur le sommet d'une haute montagne qui fait face au fleuve Saint-Laurent ?

____

____

____

12. Pourquoi est-il plus avantageux de construire une centrale à énergie solaire à Dubaï qu'à Montréal ?

____

____

____

13. Le gaz carbonique est un gaz à effet de serre important dont la production est amplifiée par les activités anthropiques.

a) Nommer deux exemples de production naturelle de gaz carbonique par la combustion.

____

____

b) Nommer deux exemples de production anthropique de gaz carbonique par la combustion.

____

____

14. Trois gaz à effet de serre sont produits par un troupeau de vaches.

a) Quel(s) gaz est (sont) produit(s) par l'expiration des vaches dans l'atmosphère ?

____

____

b) Quel(s) gaz est (sont) produit(s) par les flatulences d'une vache ?

____

____

exercice 19 «««««««««««««««««

Atmosphère

15. Quel est l'impact général d'une augmentation dans l'atmosphère du gaz à effet de serre qu'est la vapeur d'eau ?

___

___

16. Déterminer les conséquences du réchauffement climatique sur le taux d'évaporation de l'eau des océans et les gaz à effet de serre de l'atmosphère.

___

___

___

test

1. Dans la région de Cap-Chat, en Gaspésie, certaines centrales utilisent la force du vent pour faire tourner les turbines servant à produire de l'électricité. Comment appelle-t-on ce type de centrale (ou d'énergie) ?

____

2. La ville de Tampa est située à environ 30° de latitude nord. Il y fait presque toujours beau. Est-ce normal ? Pourquoi ?

____

____

3. Le point le plus méridional du Canada se trouve à Windsor en Ontario (42° de latitude nord). Vu que le Canada s'étend presque jusqu'au pôle Nord, quelle(s) est (sont) la (les) cellule(s) de Ferrel touchée(s) par le Canada ?

____

4. Même s'il pleut, le baromètre est à la hausse. Qu'est-ce que cela signifie ? De quelle direction proviennent les vents ?

____

____

____

5. Quelles sont les différences entre les précipitations associées à un front chaud et celles associées à un front froid ?

____

____

____

test 19

Atmosphère

6. Qu'arriverait-il au climat de la Terre si elle était dépourvue d'atmosphère ?

7. Quel est l'impact de la photosynthèse sur les gaz à effet de serre ?

8. Nommer un gaz à effet de serre dépourvu d'oxygène. ____________________

»»»»»»»»»»»»»»»»» exercice 20

Espace

1. Transformer les températures en kelvins.

   a) 0 °C = _______ b) -30 °C = _______ c) 100 °C = _______

2. Transformer les températures suivantes en degrés Celsius.

   a) 30 K = _______ b) 298 K = _______ c) 1000 K = _______

3. La plupart des étoiles de la Voie Lactée sont plus grosses et produisent plus d'énergie que le Soleil.

   a) Déterminer le flux d'énergie émis par le Soleil sachant que la température à sa surface frôle les 5500 °C.

   b) Quel pourcentage du flux d'énergie émis par le Soleil atteint l'atmosphère terrestre?

   c) Déterminer la température en degrés Celsius à la surface d'une étoile produisant un flux d'énergie deux fois plus élevé que le Soleil.

4. Nommer le(s) type(s) de rayonnement émis par le Soleil :

   a) que l'on voit. ______________________________

   b) que l'on ne voit pas. ______________________________

5. Quel type de rayonnement nous oblige à mettre de la crème solaire avant de nous exposer pendant de longues heures au soleil?

   ____

6. Pendant le jour, le soleil nous permet de voir les gazelles gambader dans la savane africaine sans avoir à utiliser d'instrument particulier. Quel type de rayonnement permet cette observation?

   ____

exercice 20 «««««««««««««««««

Espace

7. Pendant la nuit, une lunette d'observation spéciale permet d'observer les gazelles gambader dans la savane africaine, car ce sont des animaux à sang chaud. Quel type de rayonnement particulier permet cette observation ?

____

8. Une partie de l'énergie qui aboutit sur la planète Terre est réfléchie dans l'espace.

   a) Qu'arrive-t-il à la portion d'énergie qui n'est pas réfléchie dans l'espace ?

   ____

   ____

   b) Déterminer le flux d'énergie solaire moyen réfléchi dans l'espace par la Terre et son atmosphère.

   c) Déterminer le flux d'énergie solaire moyen absorbé par l'atmosphère et la surface de la Terre.

9. Le rayon de la Terre mesure 6371 km. Environ 31 % de l'énergie du Soleil est réfléchie par l'atmosphère (72 %) et par la surface terrestre (28 %).

   a) Déterminer le pourcentage de l'énergie solaire réfléchie par la surface terrestre par rapport à l'énergie solaire totale reçue par le système Terre-atmosphère.

   b) Déterminer la quantité totale d'énergie réfléchie par la surface terrestre et provenant directement du Soleil en 24 heures.

10. Qu'est-ce que la force gravitationnelle ?

____

____

11. Nommer les conditions idéales pour que les marées connaissent de grandes amplitudes.

____

____

12. La meilleure période pour observer les bécasseaux (oiseaux de rivage) est celle des marées hautes, car ces oiseaux se concentrent en petits groupes sur de petites portions de plage non recouvertes d'eau. En vous inspirant de la figure ci-dessous :

a) déterminer l'(les) endroit(s) sur la Terre où on peut effectivement observer les bécasseaux.

____

b) déterminer l'(les) endroit(s) sur la Terre où il n'est pas recommandé d'aller observer les bécasseaux.

____

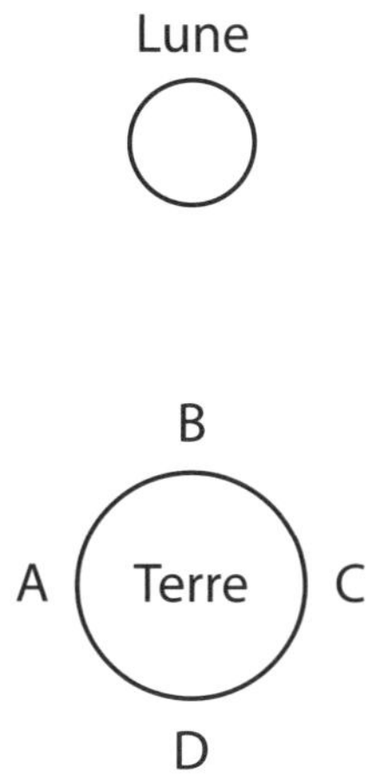

13. Le flux d'énergie parvenant à la planète Vénus et à son atmosphère est 50 % plus élevé que celui qui parvient au système Terre-atmosphère. Calculer le flux d'énergie parvenant au système Vénus-atmosphère.

test

1. Déterminer le flux d'énergie d'une étoile dont la température à la surface est de 7500 °C.

2. La température la plus basse atteinte par un corps est de 0 K. À quelle température cela correspond-il en degrés Celsius ?

3. Par ordre décroissant de niveau d'énergie, déterminer les trois types de rayonnement émis par le Soleil.

____

____

____

4. Environ 50 % du flux d'énergie solaire est absorbé par le sol. Combien d'énergie mon radeau mesurant 2,5 m de long et 2 m de large absorbera-t-il en une heure ?

5. Expliquer pourquoi la marée sera particulièrement haute au point A dans la situation illustrée ci-dessous. Sommes-nous en période de pleine lune ou de nouvelle lune ?

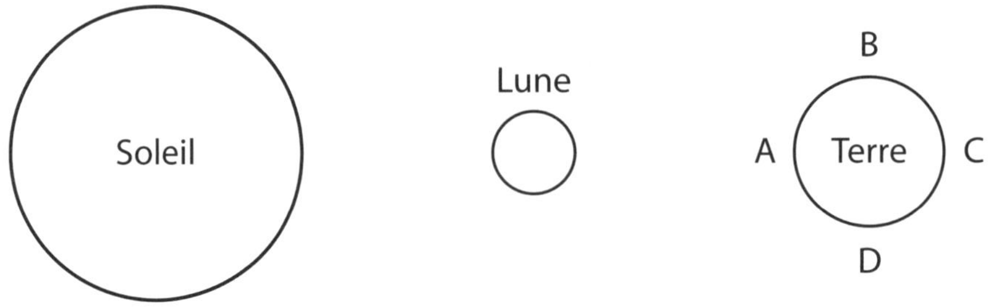

____

____

____

»»»»»»»»»»» exercice 21

Ingénierie mécanique

1. Une liaison est ____________________ si les deux pièces peuvent bouger l'une par rapport à l'autre, sinon, la liaison est ____________________.

2. Une liaison entre deux pièces est ____________________ si un organe d'assemblage comme un ____________________ ou une ____________________ intervient dans cette liaison. Si ce n'est pas le cas, la liaison est alors ____________________.

3. Une liaison entre deux pièces est ____________________ s'il est possible de démonter et de remonter les deux pièces sans les endommager, sinon, la liaison est ____________________.

4. Dans une liaison ____________________, un organe de liaison s'étire ou se comprime pour permettre aux deux pièces de légers changements de position l'une par rapport à l'autre. Si ce n'est pas le cas, la liaison est ____________________.

5. Déterminer la nature des liaisons entre les deux pièces de cet objet.

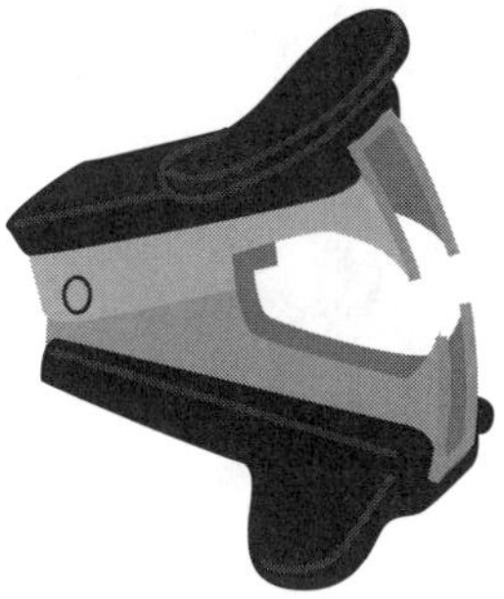

____

____

____

exercice 21

Ingénierie mécanique

6. Déterminer laquelle des fonctions de guidage illustrées ci-dessous se rapporte à une translation et laquelle, à une rotation.

Illustration	Translation ou rotation ?
	a)
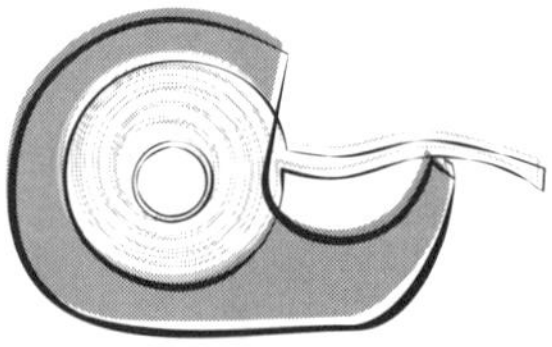	b)

7. Pour chacune des illustrations suivantes, déterminer quel est le type de système de transmission du mouvement.

Illustration	Système de transmission
	a)
	b)
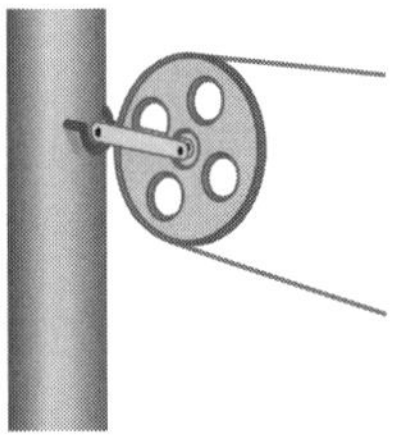	c)
	d)

8. Supposons que nous avons une roue dentée de 1,56 m de circonférence qui est reliée à un moteur. Déterminer le rayon en centimètres de la roue dentée menée si on désire qu'elle tourne deux fois et demie plus vite que la roue menant.

9. Supposons que nous avons un système comprenant trois roues à friction, dont une seule est reliée à un moteur qui tourne à un rythme de 1750 tours/minute. Déterminer le nombre de tours effectués dans une journée par les deux autres roues si leurs rayons sont respectivement trois et quatre fois plus grands que celui de la roue menant.

10. Pour chacune des illustrations suivantes, déterminer quel est le type de système de transformation du mouvement.

Illustration	Système de transformation
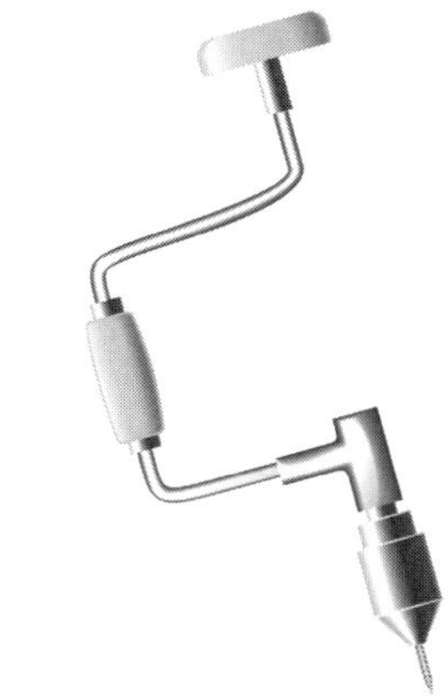	a)
	b)
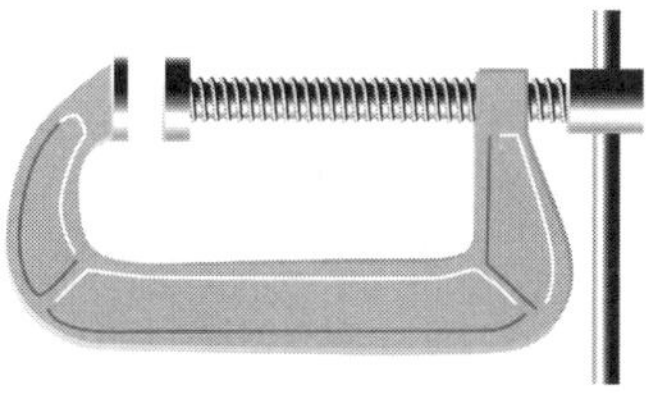	c)

exercice 2i «««««««««««««««««

Ingénierie mécanique

11. Imaginons un stylo et son bouchon.

   a) Déterminer les caractéristiques de la liaison qui unit ces deux pièces.

   ____

   ____

   b) Est-ce un guidage en translation ou en rotation qui guide le bouchon que l'on met sur le stylo pour le fermer ?

   ____

12. Dans le cas de cet outil, avons-nous une fonction de guidage en translation ou en rotation ?

   ____

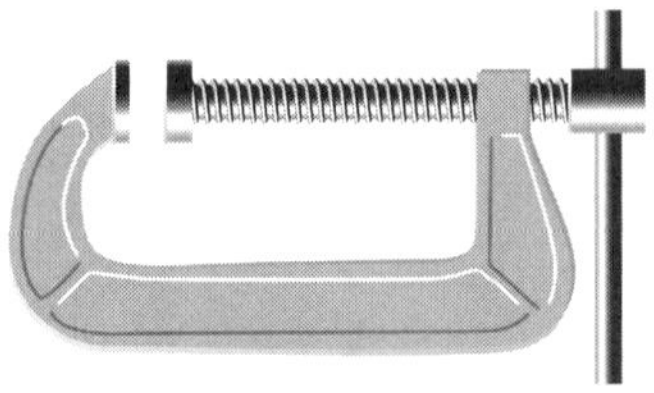

test

1. Déterminer les quatre caractéristiques de la fonction de liaison assurée par une charnière et la porte sur laquelle celle-ci est posée.

2. La taille d'un bâton de marche télescopique peut être ajustée à la taille de la personne qui l'utilise. Le dispositif de modification de la taille du bâton est-il fonction d'un mouvement de translation ou de rotation ?

3. Voici un système de transmission du mouvement.

   a) De quel type de système de transmission de mouvement s'agit-il ?

   b) En supposant que le croquis ci-dessus est à l'échelle, déterminer la vitesse de rotation des deux petites roues si la grande roue tourne à 400 tours/minute.

4. Le système de transformation du mouvement étant à la base du fonctionnement de l'aiguille d'une machine à coudre est ____________________. La came, qui effectue un mouvement de ____________________, permet de faire tourner le ____________________ qui donne un mouvement de ____________________ à l'aiguille.

5. Dans quel système de transmission du mouvement est-il nécessaire qu'il y ait une gorge dans les roues ? À quoi sert cette gorge ?

exercice 22 «««««««««««««««««

Ingénierie électrique

1. Nommer cinq façons d'alimenter un circuit électrique.

____

2. Quel mode d'alimentation de circuit électrique est utilisé dans la batterie d'une automobile ?

____

3. Quel mode d'alimentation de circuit électrique est utilisé grâce aux panneaux solaires ?

____

4. Sur l'illustration ci-dessous, le fil mince représente un fil d'aluminium et le fil épais représente un fil de cuivre. Lorsqu'on approche le point d'intersection A des deux fils près d'un feu de cheminée et qu'on fait passer un courant électrique, quel est le mode d'alimentation utilisé dans cette expérience ?

____

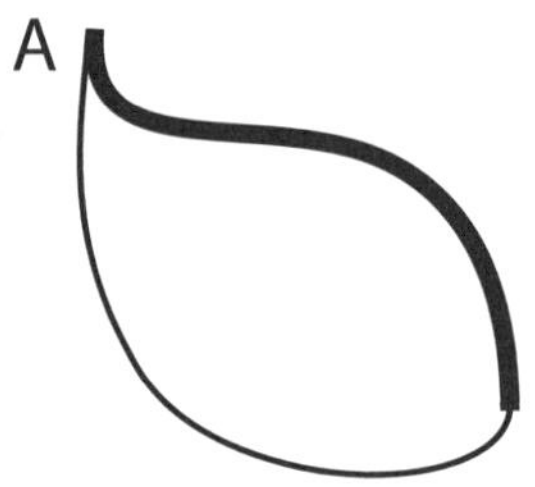

5. Combien de circuits électriques sont en jeu lorsqu'est utilisé :

   a) un interrupteur unipolaire : _____

   b) un commutateur unipolaire à double position : _____

   c) un commutateur bipolaire à double position : _____

   d) un sélecteur : _____

6. Quelle est la principale différence entre un interrupteur et un commutateur ?

____

____

7. Un sélecteur est-il un interrupteur ou un commutateur ? Expliquer.

8. Un courant électrique passe dans un fil de cuivre découvert.

a) Quelle fonction joue le fil de cuivre ?

b) Qu'arrive-t-il à une personne qui touche ce fil de cuivre ? Pourquoi ?

c) Que pourrait-on ajouter au fil de cuivre pour empêcher ce qui arrive en b) ?

d) Quelle fonction l'élément ajouté en c) permet-il d'instaurer ?

9. Un élément peut être ajouté à un circuit afin de jouer un rôle de protection.

a) Expliquer en quoi cet élément est utile dans un circuit électrique.

b) Nommer deux composants pouvant jouer ce rôle dans un circuit. Préciser le mode de fonctionnement de chacun de ces deux composants.

10. Dans une maison, quel est l'avantage d'utiliser un fusible plutôt qu'un disjoncteur ?

exercice 22 «««««««««««««««

Ingénierie électrique

11. Quelle est la fonction assumée par les résistances d'un circuit?

____

12. Déterminer le type de résistance dont on parle.

   a) Je suis une résistance qui est utilisée dans un fer à défriser, ce qui permet de réchauffer une section à l'intérieur du fer. ____________________

   b) Dans le réseau électrique d'Hydro-Québec, cette résistance sert à élever ou à abaisser brusquement la tension électrique. ____________________

   c) Je suis une résistance dont il est possible de moduler l'intensité. ____________________

   d) Je suis une résistance qui permet le passage d'un courant électrique dans un sens, mais pas dans l'autre. ____________________

   e) Je suis une résistance qui permet de bien voir dans une maison même lorsqu'il fait noir dehors. ____________________

   f) Je suis une résistance qui sert à mettre un objet en mouvement. ____________________

   g) Je suis une résistance qui peut agir à titre d'aimant lorsque ce dernier est traversé par un courant électrique. ____________________

13. Qu'est-ce qu'une surcharge de courant?

____

14. Quelle est la principale différence entre une résistance pure et une résistance variable?

____

____

15. La fonction de conduction est assurée par un gros fil métallique ou plusieurs fils métalliques miniatures. Côté manipulation, quelle est la différence entre ces deux types de fils?

____

____

test

1. Si l'on tient compte de leur mode d'alimentation, il existe deux types de calculatrices sur le marché. Déterminer la méthode d'alimentation pour amener un courant électrique dans :

   a) une calculatrice à piles. ______________________________

   b) une calculatrice solaire. ______________________________

2. Un commutateur unipolaire à double position peut-il être considéré comme un sélecteur ? Expliquer.

3. En quoi le mauvais fonctionnement d'un disjoncteur dans une boîte électrique peut-il causer un incendie dans une maison ?

4. Lorsqu'une personne est foudroyée par un éclair, quelle fonction électrique exerce-t-elle ? Expliquer.

5. Dans un séchoir à cheveux, il existe deux résistances jouant des rôles différents. Quelles sont-elles ? Expliquer le rôle de chacun.

6. Une petite ampoule s'allume lorsqu'elle est traversée par un courant électrique dans un seul sens. À quelle catégorie de résistance est associée cette ampoule ?

exercice 23 «««««««««««««««

Matériaux

1. Quelles sont les trois principales étapes de la fabrication de la céramique ?

____

____

2. Identifier les propriétés des céramiques que l'on veut mettre en évidence dans les énoncés suivants.

   a) Les céramiques conservent leurs propriétés même à des températures très élevées.

   ____

   b) Les céramiques ne perdent pas leurs propriétés même si on les trempe dans une solution d'acide très concentrée. ____________________

   c) Il n'est pas souvent nécessaire de remplacer les isolateurs électriques utilisés par Hydro-Québec. ____________________

   d) Une pièce de céramique ne se casse pas en mille miettes si on la laisse tomber par terre.

   ____

   e) Un objet en céramique ne laisse pas passer l'eau. ____________________

   f) Un chandelier en céramique reste tiède en surface, même si une chandelle est allumée à l'intérieur. ____________________

3. Dans la conception d'une céramique, quel est le rôle de la cuisson ?

____

____

4. Identifier le type de contrainte en jeu dans les situations suivantes.

   a) Un funambule se trouve au milieu d'un fil de fer. ____________________

   b) J'étire un élastique pour tester sa solidité. ____________________

   c) J'essaie de retirer l'eau d'une éponge en l'essorant par la force de mes mains. ______________

5. Identifier les propriétés mécaniques décrites ci-dessous.

   a) Faculté d'un matériau à s'étirer sans subir le moindre préjudice.

   ____

   b) Capacité d'un matériau à reprendre sa forme initiale après avoir été tendu ou comprimé.

   ____

   c) Faculté d'un métal à se laisser réduire en feuilles sans subir le moindre préjudice.

   ____

   d) Faculté d'un matériau à se fendre sans subir la moindre déformation avant de se fendre.

   ____

   e) Faculté d'un matériau à ne pas se déformer sous l'effet d'une force.

   ____

6. Déterminer le type de dégradation des matériaux décrit dans chacun des énoncés suivants.

   a) Sous l'action de champignons microscopiques, le bois se dégrade, particulièrement dans des conditions ambiantes très humides.

   ____

   b) Sous l'action de l'oxygène, le fer prend une couleur ocre.

   ____

   c) Parce qu'elle est constamment exposée au soleil, la peinture extérieure est particulièrement vulnérable à ce type de dégradation.

   ____

7. Nommer trois substances qu'il est possible d'appliquer en surface pour protéger les matériaux.

   ____

   ____

exercice 23

Matériaux

8. Les matériaux composites sont conçus grâce au concours de deux constituants.

   a) Quel est le nom de ces deux constituants ?

   b) Quel est le rôle de chacun de ces constituants ?

9. Les matériaux composites sont formés d'un mélange dit hétérogène. Qu'est-ce que cela veut dire ?

10. On utilise le cuivre pour la conduction du courant électrique dans les fils. Quelle propriété du cuivre permet cette utilisation domestique et industrielle ?

11. Sachant qu'un certain matériau composite est formé de fibre de carbone et de colle époxy, illustrer ce matériau.

12. Nos mains sont sensibles à l'application de certains produits nettoyants corrosifs, ce qui n'est pas le cas de la céramique. À quelle propriété de la céramique fait-on allusion ici ?

13. Les constituants d'un matériau composite doivent avoir une grande capacité d'adhésion. Qu'est-ce que cela veut dire ?

____

____

14. Nommer quelques domaines d'utilisation de la fibre de carbone.

____

____

____

15. À quel type de plastique peut-on associer la pâte à modeler ? Pourquoi ?

____

____

____

16. Accroché au plafond, un lustre éclaire le hall d'entrée d'une grande maison.

a) À quelle contrainte est soumis le câble qui soutient le lustre ?

____

b) Quelle propriété mécanique doit posséder ce câble pour résister à cette contrainte ?

____

test

1. Un ressort reprend sa forme après avoir été étiré ou comprimé. Quelle propriété mécanique possède ce ressort?

   elasticité

2. La plupart des métaux peuvent être soumis à plusieurs formes différentes.

   a) Les métaux peuvent être réduits en feuilles. Ils sont donc malléabilité.

   a) Les métaux peuvent être étirés en fils. Ils dont donc ductibilité.

3. Nommer les principales qualités propres aux céramiques industrielles.

   ____

   ____

   ____

4. En quoi un alliage métallique peut-il réduire le taux d'oxydation d'un métal?

   ____

   ____

   ____

5. Quelle contrainte est normalement appliquée sur une balle anti stress?

   compression

6. Un matériau fragile peut-il être élastique? Expliquer.

   ____

   ____

7. Nommer les quatre types de dégradation que subissent les matériaux.

8. Quels sont les matériaux qui peuvent être enduits d'une couche de teinture pour les protéger d'une dégradation trop rapide ?

9. Votre patron n'est pas satisfait de l'objet de plastique que vous avez moulé. Par souci d'économie, il désire que vous réutilisiez le matériau de l'objet pour en faire un autre objet. Est-ce possible ? Expliquer.

examen final

1. La concentration de gaz à effet de serre dans l'atmosphère est telle que la température moyenne à la surface de la Terre est raisonnable. Déterminer quel impact a sur cette température moyenne l'augmentation ou la diminution de la concentration des gaz à effet de serre.

Quand le gaz à effet de serre augmente, la température à la surface de la Terre augmente et vice versa.

2. Lorsqu'une personne pratiquant le karaté assène un coup au milieu d'une pile de briques de telle sorte que les briques cèdent, quel est le type de contrainte appliqué sur ces briques ?

flexion

3. On frotte une étoffe de coton contre une tige de verre. Pourquoi la tige porte-t-elle une charge positive après le frottement ?

parcequ'elle a une faible attraction des éléctrons

4. Supposons que nous avons un fil électrique vu en coupe et dans lequel circule un courant électrique.

a) Dessiner le champ magnétique autour de ce fil.

b) Dans quel sens se déplacent les électrons dans ce fil ?

5. En laboratoire, on veut préparer 250 mL d'une solution aqueuse de 1,5 g/L de chlorure de lithium (LiCl).

a) À quelle grande famille d'électrolytes appartient le chlorure de lithium ? Expliquer.

le sel, puisque le (LiCl) est composé d'un métal et d'un non-métal.

b) Quelle est la masse de chlorure de lithium nécessaire pour obtenir une telle solution ?

0,375 g → LiCl + H_2O

c) Sachant que le chlorure de lithium est produit grâce à la réaction de neutralisation entre un acide et une base, quelle est la nature de cet acide et de cette base ?

LiOH et HCl

d) Un autre produit de neutralisation, le diphosphate de tricalcium ($Ca_3(PO_4)_2$), est produit à partir d'acide phosphorique (H_3PO_4) et de dihydroxyde de calcium ($Ca(OH)_2$). Déterminer l'équation chimique équilibrée de cette réaction de neutralisation.

$H_3PO_4 + CaO_2H_2 \rightarrow 6H_2O + Ca(PO_4)_2$

6. Combien d'électrons peuvent contenir les trois premières couches électroniques d'un atome ?

18 éléctrons

7. Lorsqu'un travail est exercé sur un objet, cet objet possède-t-il une énergie cinétique ? Expliquer.

8. Donner deux phénomènes qui peuvent faire varier la salinité des eaux de surface. Expliquer l'impact de ces phénomènes sur ces eaux.

l'évaporation de l'eau augmente la salinite
la fonte des glace marin l'a fait diminuer

9. Au sud de la Saskatchewan, on observe un biome assez semblable à la savane, particulièrement pendant l'été. Par contre, l'hiver y est très rigoureux, si bien que certains animaux y hibernent. De quel biome est-il question et quelle végétation y est présente ?

10. Identifier l'(les) élément(s) du tableau périodique dont il est question ci-dessous.

   a) Je suis un métalloïde faisant partie de la famille de l'azote. arsenic

   b) Je possède des électrons sur deux couches électroniques et je fais partie de la famille de l'oxygène. Oxygène

   c) Je suis un élément solide à température ambiante, brillant et qui ne fait pas partie de la famille des alcalins. Je fais partie de la deuxième période. Béryllium

   d) Je suis le seul non-métal dont la cinquième couche électronique n'est pas saturée.
   iode

   e) Je suis un élément extrêmement stable appartenant à la troisième période.
   argon

11. Le pétrole est un amalgame de déchets organiques ayant subi des températures et des pressions importantes. La production de pétrole dans le sous-sol fait-elle partie du cycle long ou du cycle court du carbone ? Expliquer.

12. Le mollisol est une couche de terre dans laquelle peuvent proliférer les racines de certaines espèces végétales.

   a) La température est-elle toujours supérieure à 0 °C dans un mollisol ? non

   b) Dans un sol, où se trouve le pergélisol par rapport au mollisol ?
   en bas de celui-ci

13. De combien de composants obligatoires un circuit électrique doit-il être composé ? Nommez-les.

   un générateur et un recepteur.

14. Au Québec, lorsqu'un anticyclone approche d'une région, dans quelle direction soufflent les vents ? Pourquoi ?

15. Supposons que nous avons le circuit électrique suivant :

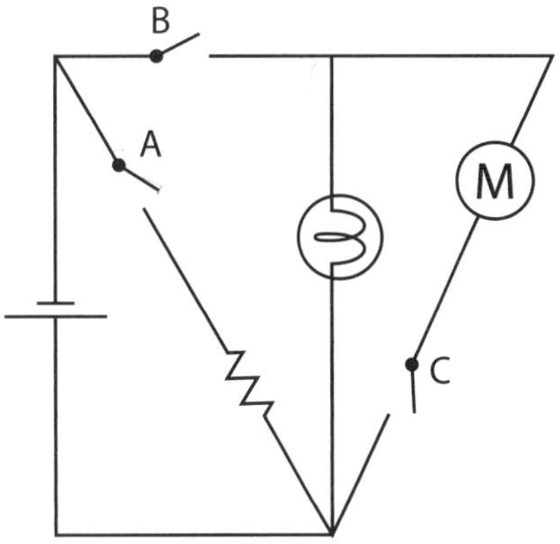

a) Les récepteurs de ce circuit sont-ils en série ou en parallèle ?

parallèle

b) Que faire avec les interrupteurs pour que le courant électrique circule uniquement dans l'ampoule ?

Ouvrir les interrupteurs A et C.

c) Si le courant circule uniquement dans l'ampoule, déterminer sa résistance tout en sachant que la tension électrique aux bornes de cette ampoule est de 6 volts et que l'intensité du courant qui y circule est de 100 mA ?

$R = \frac{U}{I}$ 100 mA = 0,1 A

$R = \frac{6}{0,1} = 60\ \Omega$

d) Quelle est la puissance de cette ampoule ?

$P = U \cdot I$ $P = 0,1 \times 6 = 0,6\ W$

e) Quelle est l'énergie consommée par l'ampoule pendant 5 minutes 30 secondes ?

$\Delta E = 0,6 \times 330 = 198\ J$

16. Pour l'organisme vivant qui est en est la victime, en quoi le phénomène de prédation (proie) et de parasitisme (hôte) diffèrent-il ou se ressemblent-il ?

17. La compétition interspécifique peut-elle exister entre individus d'une même population ? Expliquer.

18. Les espèces animales carnivores sont des prédateurs. Peuvent-elles aussi être des proies ? Si oui, de quel(s) type(s) de consommateur(s) peuvent-elles être des proies ?

____

19. La Lune joue un rôle sur l'amplitude des marées sur Terre. Pourquoi ?

____

20. Vu de la Terre, le Soleil nous semble aussi gros que la Lune. Pourtant, le Soleil joue un rôle moindre que la Lune sur l'amplitude des marées sur Terre. Pourquoi ?

____

21. Ces objets peuvent se trouver dans des réveille-matin de type mécanique. Il s'agit d'un système de transmission du mouvement appelé engrenage.

22. Un fil électrique métallique recouvert d'une gaine en caoutchouc devient légèrement chaud lorsqu'un courant électrique y circule.

a) Quelle est la fonction électrique assurée par le fil métallique ?

conduction

b) Quelle est la fonction électrique assurée par la gaine ?

isolation

c) Pourquoi la gaine devient-elle tiède malgré le rôle qu'elle joue ? Quel est l'impact de ce phénomène ?

la gaine conduit légèrement le courant, ce qui fait une perte d'énergie.

corrigé

Page 33

1. Grenouilles + Crapauds = 2 espèces (ce n'est pas une population)
2. a) V b) S c) S
3. Cycle biologique
4. Recensement ou comptage direct
5. 32 colibris

Page 34

6. Une seule parcelle échantillonnée; parcelle non représentative (près de la rivière et de la maison)
7. a) population b) communauté
8. a) 144 b) 24 chiens/km^2 c) Densité plus élevée (36 chiens/km^2); territoire moins grand pour une même population
9. a) Mutualisme b) Introduction d'espèces étrangères c) Compétition intraspécifique d) Extinction d'espèces indigènes e) Parasitisme f) Compétition interspécifique g) Introduction d'espèces étrangères h) Prédation

Page 35

10. Feu de forêt → fleurs → framboisiers (arbustes) → pins gris → épinettes noires (succession écologique secondaire)
11. biodiversité
12. population

Test 1 – page 36

1. a) E b) R c) E d) R
2. 26 000 insectes
3. Compétition intraspécifique
4. 58 souris baguées en 2008

Page 37

1. Organismes vivants et facteurs abiotiques
2. a) OUI b) NON c) OUI d) NON e) NON f) NON g) OUI h) OUI
3. Prédateur et proie
4. Producteurs, consommateurs et décomposeurs
5. Carence en soleil → diminution des producteurs
   → disparition des dinosaures herbivores
   → disparition des dinosaures carnivores

Page 38

6. Diminution des prédateurs → Augmentation des proies
   → Augmentation des prédateurs
7. a) Producteur
   b) Consommateur secondaire
   c) Consommateur tertiaire
   d) Consommateur secondaire
   e) Consommateur secondaire
   f) Producteur
   g) Décomposeur
   h) Producteur
   i) Consommateur primaire
   j) Consommateur tertiaire
   k) Consommateur secondaire

Page 39

8. Consommateur primaire, secondaire, tertiaire, quaternaire, etc.
9. a) 1,5625 % b) 2,1739 m^2
10. a) 37 kg b) Consommateur secondaire
11. Seuls les producteurs produisent la nourriture nécessaire à tous les organismes vivants.

Test 2 – page 40

1. La plante consomme le CO_2 expiré et issu du dioxygène (photosynthèse).
2. a) Décomposeurs b) Producteurs c) Consommateurs primaires d) Décomposeurs e) Consommateurs secondaires f) Consommateurs tertiaires
3. Plante carnivore = prédateur; insecte = proie

Page 41

1. a) 0,002 g/L b) 10 mg
2. a) La solubilité de l'oxygène diminue avec l'augmentation de la température. b) 44 g c) 20 g

Page 42

3. a) La solubilité du NaCl augmente avec la température. b) 110 g c) 6,875 %

Page 43

4. Solution saturée de NH_4Cl avec 400 g de NH_4Cl sous forme solide (résidu)
5. a) Évaporation d'eau durant la fin de semaine b) 40 mL
6. Plus l'eau est chaude, moins il y a d'oxygène dissous et moins la faune aquatique peut survivre.

Test 3 – page 44

1. a) 105 cm^3 b) 75 cm^3
2. a) 147,6 L b) Non, augmentation de 25,4 %

Page 45

1. a) sel; Na^+ et Cl^-; NaCl (s) → Na^+ (aq) + Cl^- (aq)
   b) LiOH; base; LiOH (s) → Li^+ (aq) + OH^- (aq)
   c) LiF; sel; Li^+ et F^-
   d) acide; H^+ et Br^-; HBr (l) → H^+ (aq) + Br^- (aq)
   e) HF; acide; H^+ et F^-
   f) KI; sel; KI (s) → K^+ (aq) + I^- (aq)
   g) base; Rb^+ et OH^-; RbOH (s) → Rb^+ (aq) + OH^- (aq)
   h) NaOH; base; Na^+ et OH^-
   i) HCl; acide; HCl (l) → H^+ (aq) + Cl^- (aq)
2. a) faible; libère peu d'ions en solution. b) forte; fort
   c) non-électrolyte; une substance qui ne libère pas d'ions en solution.
3. métal; non-métaux; hydrogène
4. Pas de métal ou de regroupement NH_4 qui accompagne OH

Page 46

5. a) moléculaire
   b) ionique; acide
   c) ionique; sel
   d) ionique; sel
   e) moléculaire
   f) ionique; sel
   g) ionique; acide
   h) ionique; base
   i) moléculaire
   j) ionique; sel
   k) ionique; acide
   l) moléculaire
   m) ionique; base
   n) ionique; base
   o) ionique; acide
6. Les sucres sont des composés moléculaires.
7. a) L'eau salée contient des sels (électrolytes).
   b) Même présents en faible concentration, les sels minéraux se retrouvent aussi dans l'eau douce.

Page 47

8. La boisson contient des sels qui remplacent ceux éliminés par l'être humain.
9. Non, la solution peut être composée d'un sel neutre (électrolyte) ou d'un composé moléculaire.
10. cation; négatif
11. $C_{12}H_{22}O_{11}$ (s) → $C_{12}H_{22}O_{11}$ (aq)
12. a) neutre b) basique c) acide
13. L'électrolyte de la solution est faible.

Test 4 – page 48

1. a) ionique; sel
   b) ionique; sel
   c) moléculaire
   d) ionique; base
   e) ionique; base
   f) ionique; acide
   g) ionique; sel
   h) ionique; sel
   i) ionique; sel
   j) ionique; acide
2. a) LiI (s) → Li^+ (aq) + I^- (aq)
   b) AgOH (s) → Ag^+ (aq) + OH^- (aq)
   c) CuCl (s) → Cu^+ (aq) + Cl^- (aq)
   d) HI (l) → H^+ (aq) + I^- (aq)
3. non électrolyte
4. Un bécher contenant beaucoup d'ions Li^+ et OH^- en solution

Page 49

1. Combustible et comburant
2. a) combustible = bois; comburant = oxygène; combustion vive
   b) combustible = cuivre; comburant = oxygène; combustion lente
   c) combustible = fer; comburant = oxygène; combustion lente
   d) combustible = alcool; comburant = oxygène; combustion vive
   e) combustible = pétrole; comburant = oxygène; combustion vive
3. Énergie d'activation insuffisante
4. Pas d'air (oxygène) sur la lune

Page 50

5. La végétation dense de la forêt produit beaucoup d'oxygène (photosynthèse).
6. Il y a plus de lumière provenant de l'extérieur, donc plus de photosynthèse.
7. a) La chandelle s'éteint, car sa combustion a consommé tout l'oxygène.
   b) i) Plus tôt, car la souris consomme aussi de l'oxygène.
      ii) La souris ne peut plus respirer et meurt.

c) i) Plus tard, la plante produit de l'oxygène (photosynthèse).
ii) La chandelle s'éteint encore plus tard, car la photosynthèse est plus activée.

8. Oui ; combustible = nourriture ; comburant = oxygène ; combustion lente

Page 51

9. Le comburant
10. a) HCl = acide ; NaOH = base
NaCl (aq) + H_2O (l)
b) KOH = base ; HNO_3 = acide
KNO_3 (aq) + H_2O (l)
c) RbOH = base ; HF = acide
RbF (aq) + H_2O (l)
d) CH_3COOH = acide ; NaOH = base
CH_3COONa (aq) + H_2O (l)
e) HBr = acide ; NaOH = base
NaBr (aq) + H_2O (l)
11. a) énergie d'activation b) comburant c) comburant d) combustible
12. Une base qui neutralisera l'acide

Test 5 – page 52

1. a) Na (s) et H_2O (l) b) H_2 (g) et NaOH (aq)
c) Na (s) + H_2O (l) → H_2 (g) + NaOH (aq)
2. a) Neutralisation b) NaF (aq) c) NaOH (aq) et HF (aq)
d) NaF (aq) et H_2O (l) e) NaOH (aq) + HF (aq) → NaF (aq) + H_2O (l)
3. Respiration ; pas de lumière → pas de photosynthèse

Page 53

1. a) 4 b) 4 c) 2 d) 2 e) oui
2. a) 3 b) 1 c) 3 d) 6 e) 18
3. H_3PO_4 (aq) + 3 NaOH (aq) → Na_3PO_4 (aq) + 3 H_2O (l)
4. C_3H_8 (g) + 5 O_2 (g) → 4 H_2O (g) + 3 CO_2 (g)

Page 54

5. a) 1, 8, 8 b) 2, 1, 1, 2 c) 1, 3, 2 d) 2, 5, 2, 4
e) 2, 1, 2, 1 f) 2, 25, 16, 18 g) 1, 1, 1 h) 2, 1, 2, 1
i) 1, 1, 1 j) 1, 1, 2, 1 k) 1, 2, 1, 2 l) 1, 2, 2, 1, 1
m) 4, 3, 2 n) 1, 1, 1 o) 3, 2, 1, 6
6. a) Mg (s) + 2 HCl (aq) → $MgCl_2$ (aq) + H_2 (g)
b) 20,3 g c) 0,03 g de H_2 dans l'environnement

Page 55

7. a) 2 atomes de N et 6 atomes de H de chaque côté b) 17 g

Test 6 – page 56

1. a) 4, 4, 2, 1 b) 4 c) 7
d) 4 molécules de réactifs et 7 molécules de produits
e) 252 g
2. a) 1, 3, 2 b) 1, 2, 1, 1 c) 1, 1, 1, 2 d) 6, 6, 6, 1 e) 4, 3, 2

Page 57

1. a) proton b) électron
2. Les éléments ont autant d'électrons que de protons.
3. a) Ca b) 20 c) 1 % d) 0,0027 % e) 2
f) Ca
g)
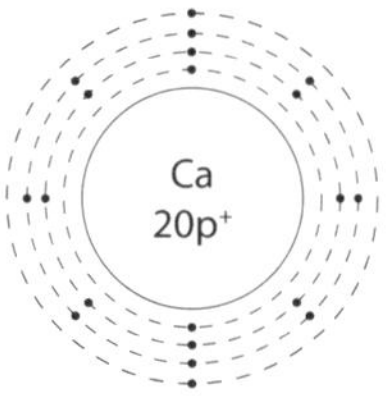

h)
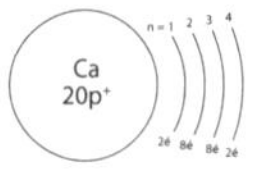

Page 58

4.
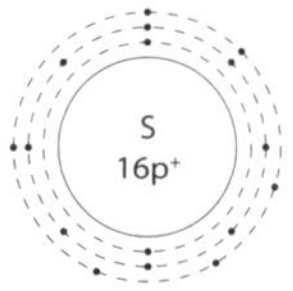

5. a)
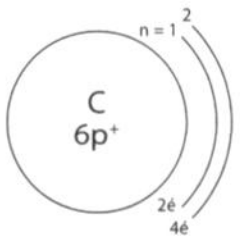

b)
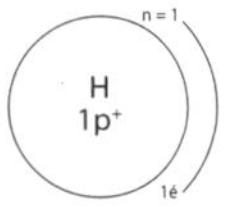

c)
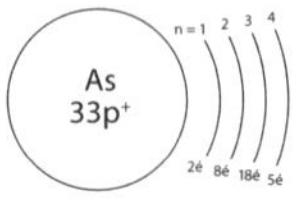

d)
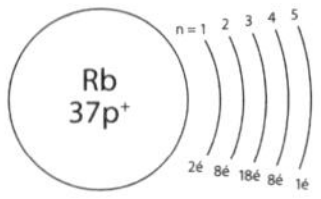

6. a) In b) Mg c) I d) Kr

Page 59

7. a) Symbole de l'élément au centre (B)
b) La dernière couche contient 10 électrons, 2 électrons de plus que le maximum.
c) Il y a deux électrons au-dessus du symbole, alors qu'il n'y en a pas ailleurs.
8. a) Fluor (F), chlore (Cl), brome (Br), iode (I), astate (At)
b) Tellure (Te) c) Sodium (Na)
9. a) Rn b)
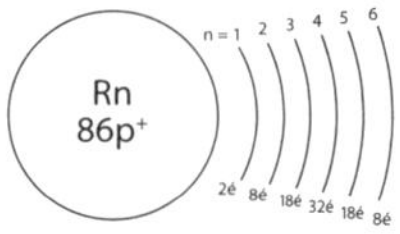

Test 7 – page 60

1. Électrons de valence
2. Rutherford pensait que les électrons orbitaient autour du noyau de façon aléatoire.
3.
a) Cl
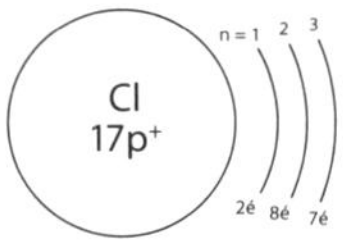

b) K
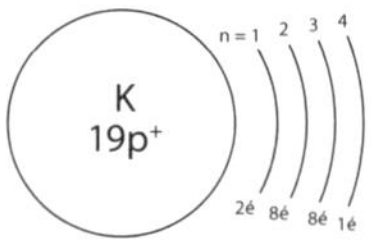

c) Ga
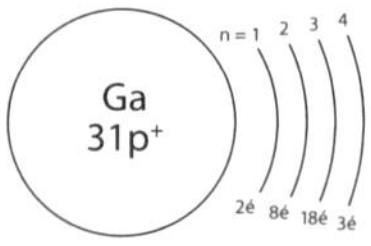

d) Li
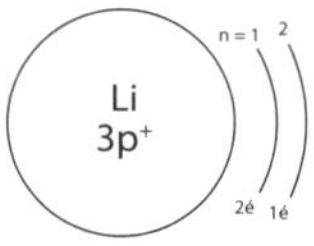

e) Po
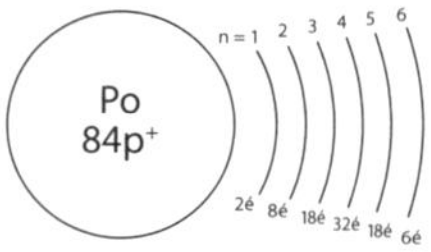

Page 61

1. a) Familles
b) Le nombre d'électrons de valence
c) Alcalins d) Bore e) Gaz rares
2. a) Périodes b) Brome c) 3
3. a) Non-métaux c) Métalloïdes e) Non-métaux
b) Métalloïdes d) Métaux f) Non-métaux

Page 62

4. a) Alcalino-terreux d) Halogènes g) Hydrogène
b) Alcalino-terreux e) Alcalins
c) Halogènes f) Gaz rares
5. a) Bore c) Fer, cobalt, nickel e) Hydrogène g) Aluminium
b) Néon d) Néon f) Argon h) Antimoine

Page 63

6. a) Alcalino-terreux g) Sélénium, brome k) Chlore
b) Lithium h) Halogènes, hydrogène, gaz rares, oxygène l) Azote
c) Sodium m) Radon
d) Azote n) Brome
e) Métalloïdes i) Potassium
f) 7 j) Tellure, polonium

Test 8 – page 64

1. a) Conducteurs
b) Ternes (sans éclat) et cassants
2. a) Métal b) Période 4 / Famille VIIIB
3. a) Alcalino-terreux d) Oxygène g) Chlore
b) Silicium e) Fluor
c) Zinc f) Francium

Page 65

1. a) R b) A c) R d) R
2. Transfert d'électrons du chat vers la conduite. Le chat est chargé positivement et la conduite, négativement : il y a attraction.
3. a) Répulsion (charges électriques semblables)
   b) Non, les charges sont équilibrées.

Page 66

4. Transfert d'électrons plus grand, car la distance entre la soie et le nylon est plus grande dans la série électrostatique.
5. a) Des électrons de l'électroscope migrent vers la zone de contact ; les feuilles se chargent positivement et se repoussent.
   b) Les feuilles reprennent leur position initiale, car les charges s'équilibrent à nouveau dans l'électroscope.
   c) Transfert d'électrons de l'électroscope à l'objet ; les feuilles se chargent plus positivement que précédemment et se repoussent donc davantage.
   d) Les feuilles se rapprochent, car les électrons quittent la zone de contact pour atteindre les feuilles, ce qui neutralise leur charge positive.

Page 67

6. a) Les bottes se chargent négativement et en touchant à la poignée, ces électrons migrent vers la poignée (décharge).
   b) Les pantoufles se chargent positivement et en touchant à la poignée, des électrons quittent la poignée pour neutraliser la charge des pantoufles. (décharge).
   c) Aucune décharge (pas de transfert d'électrons entre le tapis et les chaussettes (même matériau))
7. a) Répulsion (vêtements chargés négativement)
   b) Attraction (vêtement de coton chargé négativement, vêtement de laine chargé positivement)

Test 9 – page 68

1. a) Attraction (charges contraires)
   b) Transfert d'électrons de la fourchette chargée négativement à la fourchette chargée positivement ; à long terme, les fourchettes deviennent non chargées.
   c) Non, il y aurait un léger transfert d'électrons au contact, mais la laine étant isolante, les électrons ne migrent pas tous.
2. 19 électrons
3. a) Transfert d'électrons de la laine vers le coton
   b) Même matériau → pas de transferts de charges

Page 69

1. a) Récepteurs b) Interrupteur c) Moteur d) Ampoule e) Pile f) Résistance g) Fusible
2. Non, les protons ne se déplacent pas. Ce sont les électrons qui se déplacent de la borne négative à la borne positive de la pile.
3. 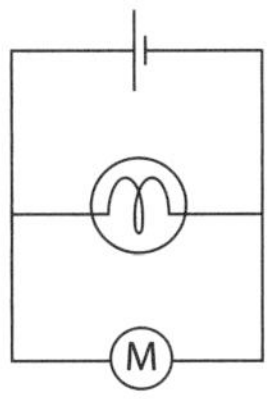

Page 70

4. a) série b) parallèle c) série d) parallèle e) parallèle f) parallèle

Page 71

5. a) aucune b) 1, 3, 5 c) aucune d) aucune e) 1, 3, 4, 5 f) 1, 2, 3, 5 g) aucune h) 1, 2, 3, 4, 5
6. Interrupteur C ouvert

Test 10 – page 72

1. a) i) 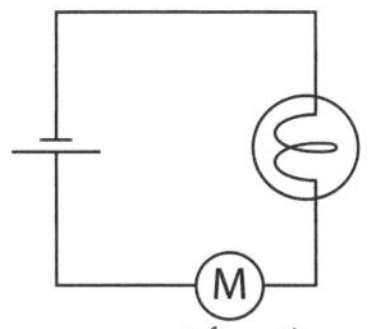

   ii) 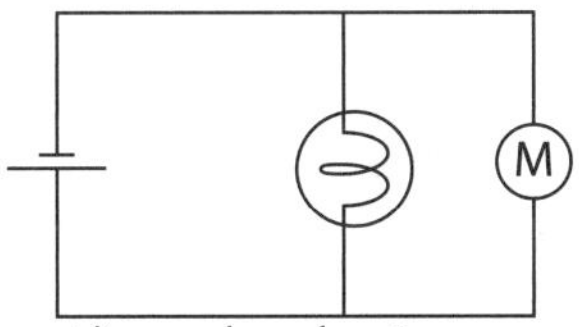

   b) La pompe peut fonctionner même si l'ampoule ne fonctionne pas.
   c) i) Interrupteur
   ii) 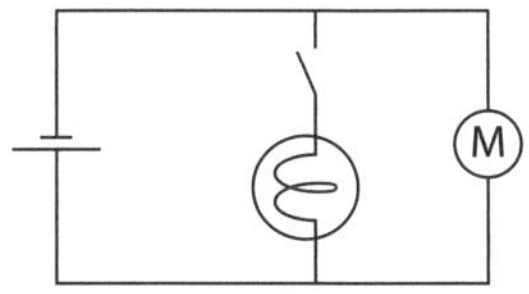

Page 73

1. 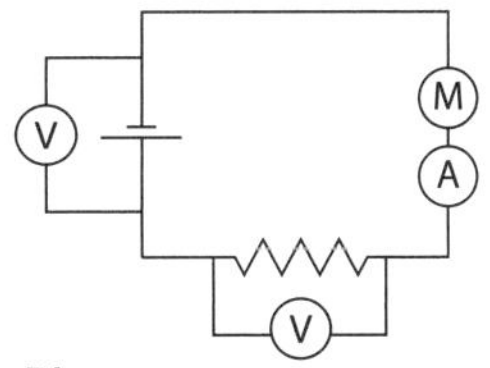

2. a) A_1, A_5
   b) A_3, A_4
   c) A_2, A_6, A_7
   d) A_2, A_6, A_7
3. 22,5 V

Page 74

4. 3,33 A
5. 12,8 Ω
6. a) oui (R_1) b) non c) oui (R_2 et M) d) oui (R_2 et M)
7. La tension aux bornes de la première résistance est égale au triple de celle aux bornes de la seconde.

Page 75

8. a) 2,25 V b) 0,057 A c) 39,5 Ω
9. a) Oui (R_1 et R_2 en série) b) R_1 = 1,5 V et R_2 = 15 V c) 23,6 Ω

Test 11 – page 76

1. a) 4 b) 1, 2, 3 c) 2 Ω d) 3,2 V
2. 240 Ω
3. 0,1875 A

Page 77

1. a) 24 192 000 J b) 0,43 $
2. 18,75 A
3. a) 55 296 000 J b) 960 W c) 0,98 $

Page 78

4. a) 4,17 A b) 3 min
5. a) $1,296 \times 10^{14}$ J (36 000 000 kWh) b) 438 300 maisons
6. a) 1 h 15 min b) 1 h 23 min 20 s

Page 79

7. a) 2,4 W b) 12 V c) 20 V
8. 16 h 40 min
9. Oui (presque 6 maisons)

Test 12 – page 80

1. a) 22,5 A b) 16 200 000 J ou 4,5 kWh c) 59,90 $
2. a) 5 670 000 J (normal) ; 623 700 J (mode veille)
   b) 0,58 $

Page 81

1. 1) ferromagnétique 2) magnétique 3) non magnétique 4) ferromagnétique 5) non magnétique 6) ferromagnétique 7) magnétique
2. ferromagnétiques
3. non magnétique
4. Non, par exemple, le plomb, l'étain, le cuivre (tous les métaux, excepté le fer, le nickel et le cobalt)

Page 82

5. 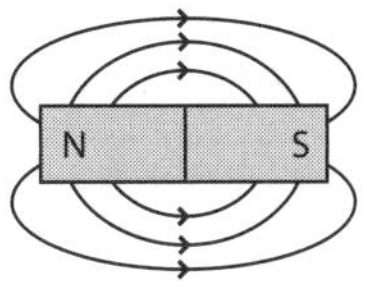

6. a) 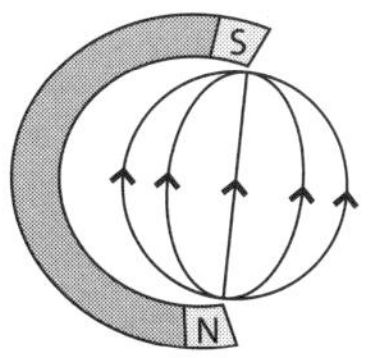

   b) 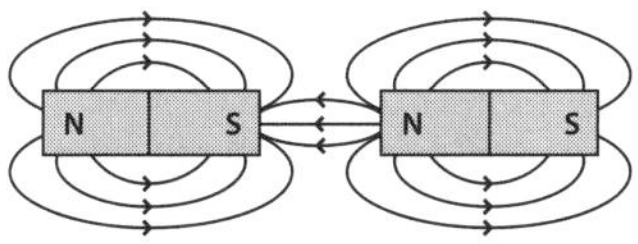

   c) 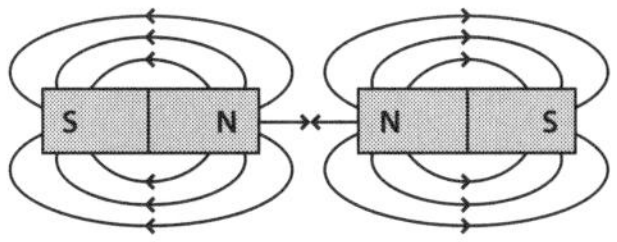

7. 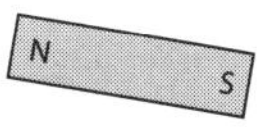

8. 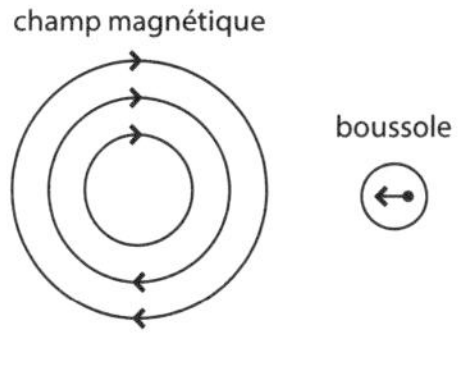

Page 83

9.

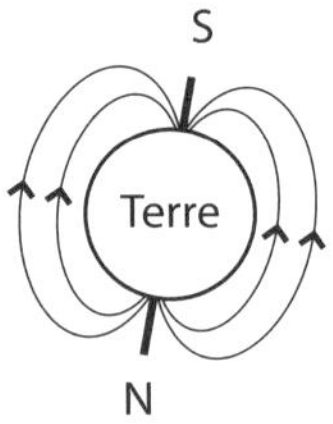

10. a) sens contraire des aiguilles d'une montre
 b) sens des aiguilles d'une montre

Test 13 – page 84

1. Une substance ferromagnétique ne se comporte pas comme un aimant si elle n'est pas près d'un aimant.
2.

3. a) Circulation d'un courant électrique
 b)

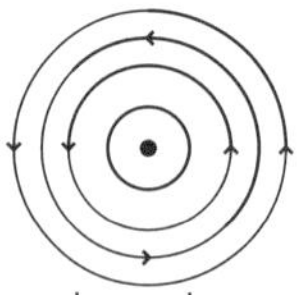

 c) vers la gauche

Page 85

1. Non, la force appliquée doit produire un mouvement
2. a) oui b) non c) oui d) oui e) non f) non
3. a) Elle augmente, car l'altitude augmente.
 b) Elle diminue, car la vitesse du véhicule diminue.
 c) La force de frottement et la résistance de l'air empêchent la voiture d'accélérer.

Page 86

4. a) 6 W b) 54 W
5. a) 285 kJ b) 114 000 kJ
6. a) 38,4 kJ et 39,6 kJ b) 1,2 kJ

Page 87

7. a) Augmentation légère de l'énergie potentielle (dilatation thermique) et grande augmentation de l'énergie cinétique (agitation plus élevée).
 b) Grande augmentation de l'énergie potentielle, car les particules sont beaucoup plus distantes les unes des autres en phase liquide qu'en phase solide.
 c) Augmentation légère de l'énergie potentielle (dilatation thermique). et grande augmentation de l'énergie cinétique (agitation plus élevée).
 d) En phase liquide, les particules sont plus distancées et peuvent se mouvoir plus rapidement
8. a) rayonnement b) rayonnement et convection c) conduction
 d) convection e) convection

Test 14 – page 88

1. a) Énergie potentielle
 b) i) L'énergie cinétique augmente, l'énergie potentielle diminue, l'énergie mécanique est constante
 ii) L'énergie cinétique augmente jusqu'à un maximum, l'énergie potentielle diminue jusqu'à atteindre 0, l'énergie mécanique est constante.
 c) L'énergie est conservée, mais pas l'énergie mécanique.
2. 80 %
3. a) conduction b) augmente c) agitées d) convection e) gazeuse
 f) rayonnement g) convection

Page 89

1. L'azote et le carbone
2. Le cycle long et le cycle court
3. long; court
4. a) Gaz carbonique b) $CaCO_3$ c) CO_3^{2-} d) HCO_3^- e) Acide carbonique
5. La carbone du gaz carbonique se transforme dans l'océan en acide carbonique, en ions carbonates et bicarbonates.
6. Le gaz carbonique (CO_2) présent dans l'air

Page 90

7. Gaz carbonique
8. a) Il se transforme en roche calcaire.
 b) Il se transforme en combustibles fossiles.
9. Le sel de mer et les coquilles, os et carapaces des organismes marins
10. Les centrales thermiques
11. Les orages (éclairs) et les bactéries qui transforment l'ammoniac en nitrates.

Page 91

12. a) dioxygène (O_2) b) diazote (N_2)
13. a) ammonium (NH_4^+) b) nitrites (NO_2^-)
14. a) La pluie, qui dissout les ions nitrates, lessivera ces ions qui quitteront le sol pour se disperser dans les nappes phréatiques, les rivières, les lacs, etc. b) Le surplus d'ions nitrates sera lessivé par les eaux de pluie en direction des nappes phréatiques, des lacs, des rivières, etc.
15. Il faut de l'oxygène pour former des ions nitrates.

Page 92

16. L'engrais pourrait être dispersé par les vents avant que la pluie ne solubilise les nitrates et ne les entraîne dans la terre.
17. L'abaissement du niveau des plans d'eau et le soulèvement des fonds marins
18. a) Ils produisent de l'ammoniac grâce à la décomposition des protéines et autres molécules organiques. b) Ils décomposent les cadavres et les excréments d'animaux, ce qui produit du gaz carbonique.

Test 15 – page 93

1. Il se transforme chimiquement.
2. Pour solubiliser les nitrates, afin de les entraîner dans la terre
3. Pour développer sa carapace, la tortue a besoin d'ions bicarbonates.
4. La respiration, les excréments, leur mort (décomposition des cadavres)
5. respiration; photosynthèse
6. Dans les racines des légumineuses, des bactéries transforment le diazote en ammoniac; les bactéries, décomposeurs et autres organismes décomposent les déchets et cadavres d'animaux en ammoniac.
7. Former sa carapace
8. Les bactéries

Page 94

1. Le climat
2. Cours d'eau = eau en mouvement (courante)
 Étendue d'eau = eau stagnante
3. Biome aquatique dulcicole = eau douce
 Biome aquatique marin = eau salée
4. a) Température, précipitations, vents
 b) Latitude = distance par rapport à l'équateur
 Altitude = hauteur par rapport au niveau de la mer
 c) Quantité de sels minéraux contenus dans l'eau
 d) La luminosité

Page 95

5. Désert, savane, prairie tempérée, toundra
6. Épineuse, décidue, humide
7. boréale
8. a) Ruisseau b) Estuaire c) Zone benthique d) Zone pélagique
 e) Lac f) Zone intertidale
9. Forêt décidue tempérée, forêt boréale
10. Marais = végétation herbacée
 Marécage = arbres et arbustes

Page 96

11. Il fait froid, la neige ne fond donc pas beaucoup.
12. La végétation a besoin d'eau pour survivre.
13. Il y a peu de végétation: elle est dispersée, clairsemée.
14. Afrique, Asie, Europe
15. a) Forêt tropicale décidue b) Forêt boréale c) Désert
 d) Toundra e) Forêt tropicale humide f) Savane

Page 97

16. Prairie tempérée, toundra, forêt décidue tempérée, forêt boréale
17. Zone marine libre
18. Précipitations, marées, salinité, pH
19. Région climatique
20. Zone benthique

Test 16 – page 98

1. a) Luminosité b) Précipitations c) pH d) latitude
2. Il y a une saison humide et une saison sèche.
3. a) Savane
 b) Il fait plus froid dans la prairie tempérée.
 c) Dans la savane, il y a des arbres clairsemés; dans la prairie tempérée, il y a des graminées.
4. Étang, lac, marais, marécage, tourbière
5. Zone intertidale

Page 99

1. Minerai
2. a) M b) R c) M d) R e) M
3. a) Matériaux de construction b) Minéraux industriels
 c) Matériaux de construction d) Minéraux industriels
 e) Matériaux combustibles f) Minéraux métalliques

Page 100
4. Un sol composé de plusieurs couches, les horizons : ceux-ci possèdent des caractéristiques différentes.
5. a) Horizons A, B, C et R b) Horizons L et O
6. a) Horizon L b) Horizon R
7. a) Horizon O b) Horizon A c) Horizon C d) Horizon L
e) Horizon R f) Horizons O et A

Page 101
8. Elle est sous forme de glace, car la température du pergélisol est inférieure à 0°C.
9. sporadique
10. mollisol
11. Non, car la couche de sol n'est pas gelée pendant toute l'année.
12. isolé
13. Permanent
14. a) Géothermie b) Combustibles fossiles c) Géothermie
d) Combustibles nucléaires e) Combustibles fossiles
f) Combustibles nucléaires

Page 102
15. Oui, sa température est inférieure à 0°C.

Test 17 – page 103
1. Les roches sont formées d'un amalgame de couleurs, tandis que les minéraux sont colorés uniformément ; les roches n'ont pas de structure définie, tandis que les minéraux possèdent une structure définie.
2. Matériaux combustibles
3. Les deux horizons contiennent de la matière organique.
4. Les horizons B, C et R
5. Ils sont lessivés en direction de l'horizon inférieur (B).
6. Oui, au-dessus du pergélisol se trouve le mollisol où peut se développer la végétation.
7. Combustibles fossiles et nucléaires
8. Même s'il ne fait que 0 °C sous terre, c'est tout de même plus chaud que la température extérieure.

Page 104
1. Territoire dans lequel les eaux alimentent la rivière Jacques-Cartier
2. Atlantique, Pacifique, Arctique
3. Bassin de l'océan Atlantique
4. Le bassin versant, c'est le territoire dans lequel les eaux alimentent le lac Saint-Jean ; le réseau hydrographique, c'est l'ensemble des cours d'eau dans le bassin.
5. Un courant de surface circule horizontalement ; un courant thermohalin circule verticalement.

Page 105
6. a) sens des aiguilles d'une montre
b) sens contraire des aiguilles d'une montre
7. a) Rien. Eau chaude moins dense que l'eau froide.
b) Eaux plus froides plongent en profondeur, car plus denses.
8. a) Les eaux plus salées plongent en profondeur, car elles sont plus denses. b) Rien, l'eau douce est moins dense que l'eau salée.
9. L'évaporation de l'eau de surface et la fonte ou la formation de glaces marines

Page 106
10. a) 8500 L b) 255 kg
11. 4,0425 x 10^{10} tonnes métriques
12. La chaleur fait augmenter le taux d'évaporation de l'eau, ce qui augmente sa salinité. La mer Méditerranée est donc plus salée que la mer Noire.
13. Plus l'eau de mer est salée, plus sa masse volumique est élevée.

Page 107
14. a) La variation de volume ; la masse d'eau reste la même et son volume augmente (dilatation thermique). b) La masse demeure à 1026 kg ; le volume passe de 1000 L à 1002,933 L.
15. La glace continentale se forme et reste sur la terre ferme ; la glace océanique se trouve sur un plan d'eau.
16. Non, si l'eau est stagnante, les turbines ne tourneront pas beaucoup ; il est préférable qu'elles se trouvent dans l'eau plus courante.
17. Un iceberg est de petite taille ; une banquise est de grande taille.
18. Oui, un glacier pourrait se former en haute altitude.

Test 18 – page 108
1. L'énergie marémotrice, c'est l'énergie formée par la montée et la descente des marées ; l'amplitude des marées doit être grande pour utiliser cette énergie.
2. La taille des banquises pourrait être réduite.
3. La salinité des eaux océaniques diminue.
4. L'eau de surface se déplacera en profondeur (circulation thermohaline).
5. Le bassin du golfe du Mexique et le bassin de la baie d'Hudson, de la baie James et de la baie d'Ungava
6. 3,5 g

Page 109
1. a) La vitre (verre) b) l'atmosphère c) Effet de serre
2. Gazeuse
3. Vapeur d'eau, gaz carbonique, oxyde nitreux et méthane
4. a) évaporation, respiration b) décomposition en milieu anaérobique
c) respiration, combustion naturelle d) bactéries au sol, océans
5. a) – b) sites d'enfouissement, bovins (pets) c) combustion anthropique
d) engrais

Page 110
6. L'humidité et la température
7. nuages ; précipitations ; froid ; averses ; orages
8. augmenter ; diminuer
9. a) Cellule tempérée b) Cellule tropicale c) Cellule polaire
d) Cellule tempérée e) Cellule tropicale f) Cellule tropicale
10. a) Beau temps b) Beau temps c) Mauvais temps

Page 111
11. Le sommet d'une hauteur est très exposé aux vents, surtout à proximité d'un grand cours d'eau
12. Il y a plus de soleil à Dubaï qu'à Montréal.
13. a) Incendie de forêt, lave (éruption volcanique)
b) Voiture à essence, centrale thermique
14. a) Vapeur d'eau et gaz carbonique b) Méthane

Page 112
15. Réchauffement climatique
16. Si le climat se réchauffe, l'eau des océans s'évapore plus rapidement, ce qui augmente la quantité de vapeur d'eau dans l'atmosphère. L'effet de serre est ainsi amplifié.

Test 19 – page 113
1. Centrale éolienne
2. Oui. Ville située dans une zone de haute pression.
3. Cellule tempérée et cellule polaire
4. Le beau temps arrive ; les vents viennent de l'ouest.
5. Un front chaud est associé à des précipitations de longue durée ;
un front froid est associé à des précipitations intenses de courte durée.

Page 114
6. Il y ferait froid (pas d'effet de serre).
7. Les réactifs de la photosynthèse étant l'eau et le gaz carbonique, la photosynthèse réduit la quantité de gaz à effet de serre.
8. Méthane

Page 115
1. a) 273 K b) 243 K c) 373 K
2. a) -243 °C b) 25 °C c) 727 °C
3. a) 6,3 x 10^7 W/m^2 b) 0,00054 % c) 6593 °C
4. a) Lumière visible b) Infrarouge et ultraviolet
5. Ultraviolet
6. Lumière visible

Page 116
7. Infrarouge
8. a) Elle est absorbée par l'atmosphère et la surface de la Terre.
b) 106,02 W/m^2 c) 235,98 W/m^2
9. a) 8,68% b) 1,31 x 10^{21} J
10. Force d'attraction entre deux objets due à leurs masses

Page 117
11. Nouvelle lune ou pleine lune, équinoxe de printemps ou d'automne
12. a) B et D b) A et C
13. 513 W/m^2

Test 20 – page 118
1. 2,07 x 10^8 W/m^2
2. -273 °C
3. Ultraviolet, lumière visible, infrarouge
4. 3 078 000 J
5. Le Soleil et la Lune attirent l'eau de la Terre dans la même direction, ce qui élève grandement le niveau d'eau au point A ; c'est la n ouvelle lune.

Page 119
1. partielle ; totale
2. indirecte ; écrou ; vis ; directe
3. démontable ; indémontable
4. élastique ; rigide
5. Liaison indirecte, rigide, indémontable et partielle

Page 120
6. a) Translation b) Rotation
7. a) Roues dentées et chaîne b) Roue dentée et vis sans fin
c) Poulie et courroie d) Roues dentées

Page 121
8. 9,93 cm
9. 840 000 tours et 630 000 tours
10. a) Bielle et manivelle b) Pignon et crémaillère c) Vis et écrou

Page 122
11. a) Liaison totale, directe, démontable et rigide b) Translation
12. Translation

Test 21 – page 123
1. Liaison totale, indirecte, démontable et rigide
2. Translation
3. a) Roues dentées b) 800 tours/minute
4. la came et le galet; rotation; galet; va-et-vient
5. Poulies et courroie; la gorge de la poulie sert de guide à la courroie.

Page 124
1. Action chimique, chaleur, pression, lumière, magnétisme
2. Action chimique
3. Lumière
4. Chaleur
5. a) 1 b) 2 c) 4 d) 3 et plus
6. L'interrupteur permet ou empêche le passage du courant électrique; le commutateur détermine l'(les) endroit(s) où passe le courant électrique.

Page 125
7. Un commutateur, car il détermine l'endroit où passe le courant parmi plusieurs circuits électriques.
8. a) Conduction
b) La personne ressent une décharge électrique, car le courant atteint le sol en passant par elle.
c) Une gaine en plastique ou en caoutchouc
d) Isolation
9. a) En cas de surcharge, cet élément coupe le courant dans le circuit, ce qui évite que des parties importantes du circuit ne fondent ou ne brûlent.
b) Dans un fusible: la température élevée engendrée par la surcharge fait fondre le matériau dans le fusible, ce qui coupe le courant; le disjoncteur est un interrupteur qui ouvre le circuit lorsqu'il y a surcharge.
10. Un fusible doit être remplacé lorsqu'il a joué son rôle. Pour un disjoncteur, il s'agit de le remettre en position ouverte (fermeture du circuit électrique).

Page 126
11. Transformation de l'énergie
12. a) Élément chauffant b) Transformateur c) Résistance variable
d) Diode électroluminescente e) Lumière f) Moteur g) Bobine
13. Une intensité du courant trop grande dans un circuit, ce qui peut engendrer des dégâts au sein des éléments de ce circuit.
14. La résistance pure oppose une résistance fixe; la résistance variable oppose diverses résistances.
15. Un gros fil est moins pliable que plusieurs petits fils.

Test 22 – page 127
1. a) Action chimique b) Lumière
2. Oui, un sélecteur donnant accès à deux circuits
3. Si le disjoncteur n'ouvre pas un circuit lors d'une surcharge, le surplus de chaleur peut causer un incendie.
4. Conduction; la personne permet au courant électrique d'atteindre le sol.
5. L'élément chauffant, qui produit de la chaleur; le moteur, un ventilateur qui fait circuler la chaleur vers l'extérieur, en direction des cheveux
6. Diode électroluminescente

Page 128
1. Réduction en poudre de la matière première, modelage et cuisson
2. a) Résistance thermique b) Réactivité chimique faible c) Durabilité
d) Dureté e) Imperméabilité f) Isolation thermique
3. Faire durcir l'objet formé
4. a) Flexion b) Tension c) Compression

Page 129
5. a) Ductilité b) Élasticité c) Malléabilité d) Fragilité e) Dureté
6. a) Pourrissement b) Oxydation c) Décoloration
7. Teinture, peinture, vernis

Page 130
8. a) Le renfort et la matrice b) Le renfort forme l'ossature du matériau; la matrice remplit les pores de l'ossature.
9. Les composantes sont séparées l'une de l'autre.
10. Conductibilité
11. 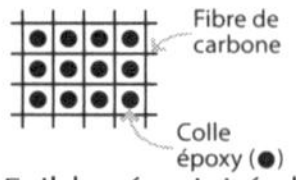

12. Faible réactivité chimique

Page 131
13. Ils doivent pouvoir se coller ensemble facilement.
14. Composants d'avions et d'engins spatiaux, pièces de vélos et d'automobiles à haute performance
15. Thermoplastiques: la pâte à modeler peut se déformer et se reformer sans perdre ses propriétés.
16. a) Tension b) Ténacité

Test 23 – page 132
1. Élasticité
2. a) malléables b) ductiles
3. Dureté, résistances thermique et mécanique, durabilité, imperméabilité, isolation et faible réactivité chimique
4. En mélangeant un premier métal facilement oxydable avec un second métal, le premier métal s'oxyde aux dépens du second; celui-ci conserve ses propriétés.
5. Compression
6. Non, un matériau fragile est cassant; il ne peut s'étirer sans dommages.

Page 133
7. Oxydation, corrosion, décoloration, pourrissement
8. Bois et tissus
9. Oui, si le plastique est un thermoplastique.

Examen final – page 134
1. Lorsque la concentration des gaz à effet de serre augmente, la Terre se réchauffe, et vice versa.
2. Flexion
3. Le verre donne des électrons au coton; donc, le verre est en carence d'électrons (charge positive).
4. a) 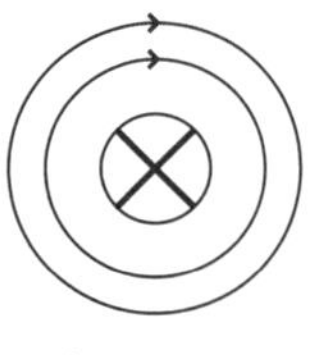
b) Les électrons sortent de la feuille.
5. a) Les sels; le chlorure de lithium est composé d'un métal (lithium = alcalin) et d'un non-métal (chlore = halogène). b) 0,375 g
c) HCl et LiOH d) $3\ Ca(OH)_2 + 2\ H_3PO_4 \rightarrow Ca_3(PO_4)_2 + 6H_2O$

Page 135
6. 28 électrons
7. Oui, car l'objet se déplace; il a donc une vitesse et une énergie cinétique.
8. L'évaporation des eaux de surface fait augmenter la salinité; la fonte des glaces marines la fait diminuer.
9. La prairie tempérée; il y a des herbes et des graminées.

Page 136
10. a) Arsenic ou antimoine b) Oxygène c) Béryllium d) Iode e) Argon
11. Cycle long; le pétrole est un combustible fossile produit dans le cycle long du carbone.
12. a) Non b) Le pergélisol se trouve en dessous du mollisol.
13. Un générateur de courant et un récepteur
14. Les vents soufflent vers l'est, car l'anticyclone est à l'ouest.

Page 137
15. a) En parallèle b) Fermer l'interrupteur B et laisser ouverts les interrupteurs A et C c) 60 Ω d) 0,6 W e) 198 J
16. La victime (proie, hôte) meurt. Par contre, la proie meurt instantanément, tandis que l'hôte meurt après un laps de temps plus ou moins long.
17. Non, car une population est composée d'individus de la même espèce.

Page 138
18. Oui, elles peuvent être consommées par des consommateurs tertiaires ou quaternaires.
19. Le poids de la Lune fait mouvoir les grands plans d'eau de la Terre.
20. Le Soleil est plus éloigné de la Terre que ne l'est la Lune; donc, la force d'attraction est moindre.
21. transmission; roues dentées
22. a) Fonction de conduction b) Fonction d'isolation c) La gaine conduit très légèrement le courant, ce qui occasionne de petites pertes d'énergie.